당신은 더 좋은 회사를 다닐 자격이 있다

불확실의 시대, 미래를 위한 새로운 이직론

김나이 지음

업(業)의 대전환기를 맞은
이 시대의 직장인들에게

우리의 일은 앞으로 어떻게 변할까요? 인공 지능이 인간 지능을 앞서고 로봇이 인간의 일자리를 대체하는 속도는 점점 더 빨라지고 있습니다. 고임금의 일자리가 풍부한 시대는 이미 지나갔고, 디지털 트랜스포메이션이 일어나며 정보와 기술을 지닌 기업을 중심으로 산업이 빠르게 재편되고 있습니다. 앞으로 사회는 점점 평생직장을 넘어 평생 직업도 없는 시대가 될 것입니다.

이 책에는 업(業)의 대전환기를 맞아 밀레니얼 세대가 자신만의 커리어 지도를 어떻게 그려나가야 할지에 대한 현실적이고 구체적인 조언이 가득합니다. 일의 의미와 재미를 찾으며 더 성장하고 싶은 이 시대의 2000만 직장인들에게 이 책을 권합니다.

KAIST 경영대학장 **김영배**

성장을 고민하는 사람들에게
권하고 싶은 책

폴인(fol:in)이 무엇인지 우리도 제대로 설명하지 못하던 시절이 있었다. '일의 변화'에 대해 이야기하고 싶다는 마음 하나만 품고 있던 작년 봄, 김나이 링커는 그 시절 폴인에 가장 먼저 말을 걸어준 사람이었다. "이런 플랫폼을 열려고 한다"는 내 SNS를 보고 메시지를 보내왔다. 자신도 하고 싶은 이야기가 있다는 것이었다.

서울 서소문의 카페에서 김나이 링커를 처음 만났다. 독특한 이력, 엄청난 에너지. 하지만 그중에서도 가장 큰 매력은 진정성이었다.

"커리어에 대해 조언하고 있지만, 일반적인 성공에 대해 이야기하고 싶지 않아요. 세상이 변하고 있고, 좋은 직장의 기준도 변하고 있어요. 자신에게 맞는 일은 어떻게 찾을 수

있는지, 그 과정에서 어떻게 성장할 수 있는지를 이야기하고
싶어요."

그녀는 왜 외국계 증권사를 그만두었는지, 왜 아이와 함
께 해외에서 한 달 살기 프로젝트를 벌이는지 들려줬다. 또
자신이 상담해주는 이들이 어떤 고민을 털어놓는지, 고민에
답해주기 위해 자신이 어떤 공부를 하는지 설명했다. 우리는
그와 손을 잡기로 결정했다.

폴인이 전달하고자 하는 최고의 가치는 '성장'이고, 김나
이 링커만큼 그 단어를 고민한 이는 많지 않을 거라 생각했
기 때문이다.

〈당신은 더 좋은 직장을 다닐 자격이 있다〉라는 멋진 제
목은 이 프로젝트를 담당했던 김효은 당시 폴인 에디터(지금

은 팟캐스트 〈듣다보면 똑똑해지는 라디오〉를 진행하고 있다)가 지었다. 책을 다 읽은 독자라면, 이 제목이 얼마나 역설적인지 깨달을 것이다. 우리는 이 책을 통해 좋은 직장의 기준이 사라진 시대에 대해 이야기하고 싶었다. 우리 모두의 불안과 혼란은 거기에서 출발한다.

'모두에게 좋은 직장'이란 개념이 사라진 시대, 우리는 무엇을 목표로 어떻게 움직여야 하는가. 큰 그림부터 디테일까지 전하고 싶었다.

이 콘텐츠는 폴인의 스토리북 중에서 가장 많은 판매 실적을 올렸다. 그만큼 많은 이들이 진짜 성장을 고민하고 있다는 뜻일 것이다.

김나이 링커는 늘 "폴인 덕분에 성장했다"고 말씀해주

는 고마운 분이다. 폴인이야말로 김나이 링커를 통해 많은 것
을 배우고 성장했다. 감사의 말씀을 전한다.

임미진 폴인 팀장

차례

02

더 좋은 회사의 조건

우리에겐 더 좋은 '이직론'이 필요하다

지금 '좋은 회사'에 다니고 있습니까? 누구나 원하는 일을, 원하는 곳에서 할 수 있는 세상. 제가 꿈꾸고 바라는 세상입니다. '무슨 일을, 어떤 회사에서, 왜 하는지' 결정하는 건 우리 삶에서 매우 중요한 문제죠. 그러나 막상 생각해 보면 이에 대해 제대로 배우거나 고민할 시간을 충분히 가진 적은 없었습니다. 많은 사람이 직업을 찾고 난 후에 커리어 사춘기를 앓는 것은 이런 이유 때문입니다.

불안하지 않은 직장인은 없다

저는 J. P. 모건 등 금융권에서 10년 넘게 일하다 2014년부터는 '커리어 액셀러레이터'라는 직업을 '창직'해 열심히 활동하고 있습니다. 기업과 산업의 최신 동향을 분석하는 것이 제 전공이라, 이를 바탕으로 거시적인 시각에서 개개인의 커리어 설계를 돕고 있습니다.

제가 지금까지 코칭과 강의 등을 통해 만난 분이 1200명쯤 되는데요. 커리어에 대한 이야기를 나누면서 많은 분들이 '불확실'한 환경에서 '불안'해 하고 있다는 걸 느꼈습니다.

눈만 뜨면 새로운 기술이 등장하고, 새로운 회사가 부상하고, 새로운 작업 환경이 펼쳐집니다. 4차 산업혁명의 물결과 디지털 트랜스포메이션이 우리의 '삶'과 '일'을 덮치고 있죠. 이런 변화의 시대에서 평정심을 찾기란 애초에 불가능한 일일지도 모르겠습니다. 미래를 예측하기 어려운 시대에 '좋은 직장' '좋은 회사'의 기준은 어떻게 달라져야 할까요? 내가 성장하기 위해서는 어떤 회사로 이직해야 할까요?

'불안 심리'의 확산은 데이터로도 확인할 수 있습니다. 취업 포털 잡코리아가 직장인 1039명을 대상으로 벌인 설문조사에서 93%가 "이직을 고민한다"고 답변했습니다. 한국경영

자총협회에서 2016년 발표한 자료에서 1년 내에 퇴사하는 신입사원 비율은 27.7%로, 2012년보다 4.1%P 상승했죠. 10명 중 3명이 퇴사한다는 뜻입니다. 이것은 비단 한국만의 문제는 아닙니다. 2018년 여름, 저는 한 달간 미국 워싱턴 DC, 보스턴, 뉴욕을 오가며 다양한 직업군의 사람들을 만났습니다.

A는 자신이 열심히 일하는 것에 비해 회사에서 제대로 인정받지 못한다며 이직을 고민했고, B는 항상 마감 시간 30분을 남겨놓고 자료 요청을 하는 무례한 상사 때문에 이직을 원했습니다. C는 "다른 회사로 이직하면 연봉이 훌쩍 오른다"며 준비 중이었고, 골드만삭스에서 일하던 D는 사회에 기여할 수 있는 일을 찾아 환경 관련 비영리기관으로 이직해 예전과는 다른 삶을 살아가고 있었습니다.

2016년 글로벌 컨설팅 회사 딜로이트가 29개국 7700명의 직장인을 대상으로 설문조사를 했는데, 1년 내 지금 다니는 회사를 떠날 계획이 있다고 대답한 비율이 25%, 2년 내 떠날 계획이라는 대답이 44%였습니다. 지금 내가 하고 있는 일이 평생 내가 할 만한 일인지에 대한 불안 심리는 전 세계에 만연하게 번져 있습니다.

당신에겐 잠재력이 있다. 극대화시키지 않았을 뿐

제가 1:1 커리어 코칭을 하며 느낀 것 중 하나는, 저를 찾아온 분들은 대체로 이미 자기 자신 안에 능력을 갖고 있다는 것이었습니다. 다만 그 강점을 뾰족하게 만들고 세일즈하는 법을 모르고 있었을 뿐이죠. 아마 이 글을 읽고 있는 당신도 비슷할 거라 생각합니다. '성장'은 '성장하고 싶은 욕구'에서 시작되는 것이니까요. 이직을 원하는 당신, 당신은 더 좋은 회사를 다닐 자격이 있습니다. 저는 개개인의 강점을 발견하고 그것을 극대화할 수 있도록 옆에서 돕고 싶습니다.

이 책은 당신의 강점, 그리고 당신의 니즈를 발견하는 것부터 시작합니다. 일할 때 무엇을 중요하게 보는지 파악할 수 있는 여섯 가지 핵심 키워드 '성장, 연봉, 워라밸, 의미, 재미, 인간관계'를 중심으로 뾰족한 질문을 던져봅니다.

내 위치와 내 성향을 가늠해 본 후에는, 이제 '회사'로 눈을 돌려야 합니다. '회사'에 대한 이야기는 여타 다른 이직론에선 자주 간과된 부분입니다. 보통 나를 아는 것에서 그치는 경우가 많습니다. 그러나 제 생각은 다릅니다. 급변하는 시대일수록 회사를 잘 보는 능력이 무엇보다 중요합니다. 좋은 회사의 개념과 좋은 자리의 조건이 빠르게 바뀌고 있기 때문이죠.

규모로만 좋은 회사를 판별할 것이 아니라, 그 회사가 가진 핵심 역량과 업의 본질이 무엇인지, 그들은 '왜' 이 일을 하는지, 시대의 변화에 어떻게 대응하고 있는지 알아내는 것이 훨씬 더 중요합니다. 성장성이 있는지 혹은 성장하고 있는 회사인지를 분석해 낼 수 있어야 해요. 이런 회사에서 당신의 잠재력이 극대화될 수 있습니다.

어떻게 회사의 상황을 알 수 있을까요? SNS 등에서 회사의 평판을 조회하는 것으로 끝이 아닙니다. 저는 좋은 회사, 나와 잘 맞는 회사를 감별하는 세 가지 기준과 네 가지 구체적인 방법론을 말씀드리려 합니다.

나와 회사에 대한 분석이 끝났다면, 원하는 일을 원하는 곳에서 하기 위한 '실행'이 필요한데요. 이력서와 인터뷰, 연봉 협상이 남아 있죠.

회사는 지원자에게 무엇을 보고 듣고 싶어 하는지, 지원자는 어떻게 회사를 설득해야 하는지 다양한 이직 성공 사례를 통해 알려 드리겠습니다.

회사에 만족스러운 조건으로 입사할 수 있도록 '연봉 협상 전략'도 전격 공개합니다. 이직의 중요한 조건 중 하나가 바로 연봉인데요. 연봉이 전부는 아니지만, 중요하다는 사실을 부인할 수는 없죠. 일하는 가치에 합당한 연봉을 받는 것은 일을 계속하게 만드는 확실한 동기 부여가 됩니다.

연봉 협상의 결정타 네 가지와, "돈돈" 하지 않으면서 희망 연봉을 요구하는 법, 연봉 협상의 적절한 타이밍, 연봉 협상에서 우위를 점하는 방법은 무엇인지 도움을 드리고자 합니다.

나만의 커리어 지도를 그리기 위한 솔루션

퇴사나 이직은 감정에 치우쳐 충동적으로 선택하는 것이 아니라, 자기만의 '커리어 지도'를 그려나가는 치밀한 여정이어야 합니다. 이직은 업의 궤도를 수정해 자기 자신을 성장시킬 수 있는 가장 강력한 '수단'이니까요. 특히나 평생직장이 사라진 시대, 기업 수명이 단축된 시대, 고령화 시대에 이직은 선택이 아닌 필수가 되었습니다. 할 수밖에 없다면, 잘해야 합니다.

저는 이 책을 통해 궁극적으로 자신만의 '커리어 지도'

를 그리는 법을 제안하고 싶습니다. 회사 '안'만 생각하지 말고, 언제나 회사 '밖'을 내다보며 계단을 밟으세요. 명함에서 회사 이름을 지우고도 나의 일을 한 줄로 설명할 수 있어야 합니다. 그 한 줄이 결국 자신의 무기가 됩니다. 한 줄을 만들 수 있는 회사인가, 없는 회사인가 이직할 때 꼭 따져보세요. 그것이 다음 스텝으로 나아갈 수 있는 자산이 됩니다.

이 책이 진짜 실력을 쌓을 수 있는 회사, 개인마다 중요한 가치를 실현할 수 있는 회사, 산업의 변화에 능동적으로 대처하는 회사, 그러니까 더 좋은 회사로 옮길 수 있는 지도가 되길 바랍니다.

또 하나는 성공의 의미를 다양하게 생각해 봤으면 합니다. 바쁜 일상에서 잠시라도 '나'와 '내가 원하는 일'에 초점을 맞추고, 나는 어디에서 무엇을 가장 잘할 수 있는 사람인지, 지금 나는 이 일을 왜 하고 있는지 생각해 볼 시간을 가지세요.

언젠가 우리는 회사를 떠나게 되겠죠. 광활한 대지에 홀로 설 것입니다. 그 대지에서 흔들리지 않기 위해서는, 나의 커리어 뿌리를 튼튼하게 만들어야 합니다. 온전히 내 이름만으로 설 수 있는 힘과 실력을 길러야 합니다.

이 책에서 소개하는 모든 이야기는 저와 함께 직접 커리어 고민을 나눈 분들의 실제 사례이며, 제 자신의 이야기도 많이 포함되어 있습니다. 성공담 혹은 실패담이 이 글을 읽는 여러분 모두에게 흥미로운 자극과 실질적 도움이 되길 진심으로 바랍니다.

원하는 일을 원하는 곳에서.
Keep moving!

2019년 여름, **김나이**

01

사표를 쓰기 전
해야 할 질문

조직원을 성장시키는 회사인가, 소진시키는 회사인가

성장

대학을 졸업하고 취업을 준비하던 때로 잠시 돌아가 볼까요. 그때 우리는 진짜 어떤 '일'을 하고 싶고, 무엇을 잘할 수 있는지, 세상에 얼마나 다양한 일이 있는지, 돈은 얼마나 벌고 싶은지, 어떤 회사가 나에게 맞는지 충분히 생각해 보지 못한 채 회사를 다니기 시작했습니다.

대학 졸업 후 바로 일을 시작해 65세쯤 은퇴한다고 가정하면 인생에서 일하는 시간이 적어도 9만 시간(!)은 될 텐데요. 막상 우리의 '일'이나 '회사'에 대해 진지하고 깊이 있게 고민해 볼 시간은 없었던 것 같아요.

이왕이면 남들 다 아는 회사, 이왕이면 높은 연봉 같은 눈에 보이는 조건들을 우선으로 생각했죠. 20년 가까이 학교를 다녔지만 나에게 맞는 일은 무엇인지, 좋은 회사를 선택하는 기준은 무엇인지 가르쳐 주는 사람은 없었습니다.

더 솔직해져 볼까요? 우리가 회사를 선택했다고 생각하지만, 사실 회사가 우리를 선택하는 경우가 많죠. 이력서와 자기소개서를 쓰고 면접을 보다가 합격 통보를 받은 회사를 다니는 게 정확한 표현일 테니까요. 회사를 한참 다니다 커리어 사춘기를 겪거나 이직을 고민하는 것은, 어쩌면 당연합니다.

그래서 저는 이직하는 방법에 대해 본격적으로 논하기 전에 당신의 마음속에 들어가 보려 합니다. 이직을 결정하기 전에 반드시 해야 할 것은 '자기 자신과의 끝장 토론'입니다.

내가 일을 할 때 무엇이 가장 중요하고, 어디까지 타협할 수 있으며, 무엇을 할 때 살아 있음을 느끼는지 답을 찾지 못하면 어떤 이직도 성공할 수 없습니다. 현재 다니고 있는 회사가 정말로 최악인지, 감정에 휩쓸려 사표를 쓰고 싶은 것은 아닌지, 더 좋은 회사로 옮길 준비는 되어 있는지 당신의 진짜 마음을 들여다보겠습니다. 앞으로 '성장, 연봉, 워라밸, 의미, 재미, 인간관계' 여섯 개의 핵심 키워드를 통해 자기와의 끝장 토론을 시작해 보겠습니다.

성장을 갈망하는 직장인들

사람들은 대체로 언제 이직을 꿈꿀까요? 동아 비즈니스 리뷰가 2017년 12월 실시한 설문조사에 따르면, 이직을 원하는 응답자 중 63%가 '회사 내 성장이 충분히 이뤄지지 않아 불만'이라고 했습니다. 성장은 언제나 중요한 키워드죠. 특히 지금 같은 저성장 국면에 개인의 성장은 더 간절한 이슈입니다. 저성장의 늪에 빠진 한국의 인력 적체는 심각한 수준입니다.

한정된 자원을 많은 사람이 나눠야 하니 일은 파편화될 수밖에 없고, 조직이 클수록 구성원들은 일의 전 과정을 파악할 수 없는 상태에서 맡은 일만 반복적으로 하게 됩니다. 주어진 일을 넓고 얕게 해 내느라 전문성은 제대로 쌓이질 않습니다.

또 시대의 소용돌이 속에 기업들은 얼마나 쉽게 무너지는지요. 2016년 대우조선해양을 필두로 한 조선업계와 삼성 등 주요 대기업들이 대대적인 직원 구조조정을 감행했고, 2017년에는 굴지의 해운회사였던 한진해운이 공중 분해됐습니다.

더 이상 회사가 버텨내지 못하는 현실, 회사가 개인을 지켜줄 수 없는 현실을 목도하면서, '나 스스로 나를 지켜야 한다'는 생각이 강렬해집니다. 구조적으로 성장에 대한 갈증이 더 커지는 셈이죠.

그렇다면 저성장 국면에서 개인의 성장이란 무슨 의미일까요? 여기 두 사례를 함께 보시죠. 모두가 선망하는 대기업 경영전략실 재무팀에서 9년간 일한 C가 이직을 고민하며 저를 찾아왔습니다. 조금만 더 '버텨' 승진을 하고, 이 회사에서의 임원을 노리는 커리어 패스를 생각해 볼 만도 한데, 회사에서 벗어나려 하더군요.

"남들이 보기엔 크고 좋은 회사죠. 막상 안에서 보면 미래가 안 보입니다. 9년을 다녀도 할 수 있는 일은 굉장히 파편화되어 있고요. 더 늦기 전에 주도적으로 가능성을 발견하는 업무를 해 보고 싶습니다. 처음부터 끝까지 제가 책임지는 일도 하고 싶고요. 제 실력으로 '진짜 일'을 해 보고 싶어요."

카카오, 네이버 등에서 뉴미디어 콘텐츠를 만들던 5년 차 D는 레거시 미디어(종이 신문, 공중파 TV 등 전통 언론)로 이직을 준비 중입니다. 올드미디어에서 뉴미디어로 이직하는 시대에 역행하고 있는 것이죠. 이유가 무엇일까요?

"지금까지 홀로 일을 배워왔거든요. 팀원 8명에 제가 팀장을 맡고 있는데, 솔직히 버거워요. 체계적으로 일도 배우고 싶고, 직급에 맞는 리더십을 발휘해 보고도 싶은데, 보고 배운 게 없으니까 큰 조직으로 가고 싶어요. 그게 제가 성장할 수 있는 발판이 될 거라 생각하고요."

두 사람이 성장을 대하는 자세는 확연히 다릅니다. C에게 성장이란 일의 깊이와 전문성을 더하는 것입니다. 파편화된 일, 결론이 어떻게 날지 모르는 일을 하는 것보다는, 권한과 책임을 갖고 주도적으로 일하는 것이 실력을 키운다고 생각합니다. 반대로 D에게 성장은 시스템을 경험해 보고 그 안에서 개인이 어떻게 일하고 움직일 수 있는지 그 경험치를 말하기도 합니다.

기업이 성장하지 않는 사회에서 개인의 성장은 획일화될 수 없습니다. 모두가 같은 회사, 같은 간판을 염원하던 때는 끝났다는 것이지요. 성장이란 키워드 앞에서 다른 사람과의 비교는 무의미합니다. 여러분이 생각하는 성장의 기준과 정의는 무엇인지, 한번 생각해 보세요.

일할 회사를 선택하는 기준을 대기업, 스타트업 등의 회사 규모로만 판단하지 말고, 그곳에서 내가 무엇을 할 수 있고, 쌓아갈 수 있는지에 대해 구체적으로 판단해 보세요.

내가 생산한 가치에
'합당한 보상'을 받고 있는가

연봉

제가 한때 종사했던 증권계는 이직이 잦습니다. 금융업이 예전과 달리 새로운 수익원 발굴이 필요하다고 해도 연봉이 높은 대표 업종이라 이곳에 발을 들여놓기 위한 경쟁이 치열합니다. 대기업에서 섬유 관련 연구원으로 일하던 M은 금융권으로 이직을 희망하고 있는데, 그 이유 역시 연봉이었습니다.

"저는 특별히 좋고 싫은 게 없는 사람이에요. 그래서 연봉이 높으면, 그럭저럭 할 수 있는 일도 좋아질 것 같아요. 회사 일이라는 게 어차피 다 거기서 거기 아닌가요. 그럼 돈많이 주는 데 가서 일해야죠."

돈이 전부가 될 수 없지만 돈은 중요합니다. 솔직히 말씀드리면 저는 아무리 의미와 재미를 동시에 느낄 수 있는 일이라도, '먹고사니즘'이 충족되지 않으면 지속하기 어렵다고 생각합니다. 이것이 해결되지 않고 일의 의미나 재미만 찾는 것은 고행길입니다.

여러분은 연봉에 대해 어떤 생각들을 하고 계신가요?

연봉의 기준과 가치

막연히 '많이 받았으면 좋겠다' 말고, 내가 하는 일에 대해 어느 정도를 받았으면 좋겠다는 구체적인 기준이 있으신가요? 또 내가 받고 싶은 연봉만큼의 가치를 창출하고 있으신가요?

제가 코칭을 하면서 안타까웠던 부분은 많은 분이 고연봉을 희망하면서도 막상 구체적인 노력을 하지 않는다는 것이었어요.

회사의 각종 수치를 모르고, 연봉 협상법을 몰라 회사에서 제시하는 연봉을 그대로 받아들이는 분이 많았습니다. 여러분들이 현재 받고 있는 연봉은 어떤 기준에 의한 것인가요?

연봉에 영향을 미치는 결정타가 무엇인지 알고 계신가요? 이직할 때 전임자는 어떤 스펙과 역량을 갖고 있었고 그의 연봉은 대략 어떤 수준이었는지 알아본 적 있으신가요?

원하는 연봉을 받고 싶다면 자신이 받고 있는 연봉을 최대한 냉정하게 평가하는 것이 중요합니다. 내가 종사하고 있는 업계 상황에 비추어 내가 창출하고 있는 가치를 냉철히 따져봤을 때 연봉이 여전히 불만족스럽다면 이직을 고려할 때입니다.

　연봉에 대한 이야기는 5장에서 다시 심도 있게 다룰 예정
입니다. 연봉에 대해 여러분이 알아야 할 이야기가 많습니다.

업무 시간과 공간을
자유롭게 선택할 수 있는가

워라밸

‘사축’이란 신조어를 아시나요? 지난해 직장인 사이에서 유행한 말인데요. ‘회사의 가축처럼 일하는 직장인’을 뜻합니다. 야근을 밥 먹듯이 하는 ‘프로야근러’라는 표현도 유행했죠. 2007년 OECD 국가 1인당 평균 노동시간 조사에서 우리나라는 당당히 2위를 차지했어요.

장시간 노동은 우리 사회의 고질적 문제이자 해결해야 할 국가적 과제가 되었고, 2018년 7월 1일부터는 주 52시간 근무제가 시행되었습니다. 아직까지는 그 효과 여부를 함부로 말할 수 없지만, 어쨌든 저녁이 있는 삶을 법적으로 확보하는 방향으로 나아가는 중입니다.

욜로(YOLO·You only Live Once), 소확행(소소하지만 확실한 행복) 같은 신조어가 말해 주듯이, 우리는 더 나은 미래를 위해 현재의 행복을 포기하기보다는 일상에서의 소소한 즐거움, 가족과의 시간 등을 더 가치 있게 여기고 있습니다. 오래 열심히 일해도 결과가 어떻게 될지 모르는 시대에, 더 이상 우리의 시간을 회사에 담보 잡히고 싶지 않습니다.

그런데 말입니다. ‘저녁이 있는 삶’이 있다면, 무조건 좋은 회사일까요? 솔직히 저는 이것을 조금 자세히 들여다볼 필요가 있다고 생각합니다. 예를 들어 외국계 회사는 '워라밸 (Work and Life Balance의 준말)'이 좋을 것이라는 선입견이 있는데요.

저의 전 직장이 외국계였던 까닭에 워라밸에 대한 질문을 자주 받았습니다. 칼퇴근을 할 수 있는지, 야근 빈도는 어떤지, 참석해야만 하는 회식이나 주말 워크숍이 있는지 등.

솔직히 말씀드리면, 외국계 회사의 1인당 업무 강도는 일반적인 국내 회사에 비해 훨씬 높습니다. 국내 회사는 정부의 압력이나 사회적 책임 등을 고려해 매년 신입 공채를 진행하고, 인원이 많은 조직에는 '숟가락 얹는' 사람들도 간혹 있죠.

반면 외국계의 핵심 키워드는 '성과'이기 때문에 꼭 필요한 사람만 뽑아서 최대의 성과를 내고자 합니다. 인력을 철저히 '비용(Cost)'으로 계산하고, 부서별로 비용 대비 성과를 철저히 관리하며, 승진을 논할 때도 그 사람(혹은 팀)이 회사의 이익 창출에 얼마나 기여했는지를 평가합니다. 이를 위해 직원들 스스로도 자신의 업무 성과에 대해 적극적으로 목소리를 내야 하고요.

제가 국내 증권사에서 글로벌 투자은행으로 직장을 옮

겼을 때, 부서원의 규모가 절반 이상 줄더군요. 개인에게 매우 높은 목표를 주고, 그 목표를 달성하기 위해 훨씬 더 많은 일을 해야 했습니다. 즉 자리에 얼마나 오래 앉아 있었느냐보다, 그 사람이 만들어 내는 성과 수치가 더 중요한 매우 경쟁적인 환경입니다.

성과가 안 나오면 구조조정은 비일비재합니다. 반대로 일을 잘하고 성과가 잘 나오면 그 사람이 어디에서 몇 시간 동안 일했는지 관여하지 않는 분위기예요. 이런 좋은 점만 부각되다 보니, '외국계 회사는 워라밸이 좋다'고 미화된 부분이 있는 것 같습니다.

워라밸의 새로운 정의

저는 워라밸이 좋다는 것이 단순히 6시 '칼퇴근'이 가능하고, 출근시간을 조정할 수 있는 것을 뜻하지 않는다고 생각합니다. 더 중요한 것은 '일할 시간을 선택할 수 있는 자유가 있느냐'입니다.

저의 경우 회사원으로 살 때보다 커리어 액셀러레이터로 사는 지금 훨씬 더 많이 일합니다. 회사원일 때는 회사에 있는 시간만 몰입해서 성과를 내면 됐는데, 지금은 24시간 일을 생각하며 어떻게 더 잘할지 고민합니다. 하지만 일하는 시간과 장소를 누군가에게 '저당 잡히거나' '묶이지 않고' 자유롭게 선택할 수 있습니다. 이런 측면에서 현재 저의 워라밸은 과거와 비교 불가능하게 좋다고 할 수 있어요.

일과 삶을 무 자르듯 단순히 나눌 수 없다고 생각합니다. 중요한 것은 우리가 회사에서 절대적으로 보내는 시간의 '양'이 아니라 '질'입니다. 우리가 일에 재미를 느끼고 몰입할 수 있다면, 회사에서 얼마의 시간을 보내든 우리는 '할 만하다'고 느낄 것입니다. 반대로 일에 재미를 느낄 수 없고 왜 하는지 모르겠다면 아무리 저녁이 있는 삶을 살고 취미를 가져도, 회사 생활이 행복하지 않을 겁니다.

워라밸을 이야기할 때 한 번쯤 생각해 봐야 하는 요소가 바로 이것입니다. 야근이 많은지 적은지, 휴가를 얼마나 썼는지 못 썼는지, 주당 근무시간이 50시간인지 60시간인지 '시간의 양'을 따질 것이 아니라, 우리가 회사에서 보내는 '시간의 질'을 기준으로, 일의 '품질'을 생각해 보아야 합니다. 그 품질을 개인이 선택하고 조율할 수 있는지도 따져보아야 하고요. 이것이 변화하는 시대에 맞는 새로운 워라밸이지 않을까요?

미래 비전이
특별한 회사인가, 뻔한 회사인가

의미

저는 카드사를 거쳐 국내 증권사에서 일하다, 글로벌 투자은행으로 이직해 마지막 직장생활을 했습니다. 많은 사람들이 제게 물었습니다. "거기 정말 좋은 회사 아닌가요? 돈 많이 주지 않아요? 그런데 왜 회사를 나와서 다른 일을 하고 있나요?"

남들이 선망하는 직장을 다니며 또래에 비해 높은 연봉을 받은 것은 사실입니다. 한때 그게 저의 목표이기도 했어요. 빠른 승진, 높은 연봉, 누구나 알 만한 '명함발 끝내 주는 회사'. 회사의 이름과 높은 연봉이 저의 존재를 증명해 주는 것이라 생각한 적도 있었습니다. 아이러니하게도 그 목표를 이루고 나니 더 스트레스에 시달렸습니다.

때마침 금융시장에 강도 높은 규제가 들어오고, 금융시장의 침체가 시작됐어요. 시간적 여유가 생기고 '생각'이라는 것을 하게 되면서, 제가 하는 일이 투자자를 위한 것도 스스로를 위한 것도 아니라는 결론에 다다랐습니다. 돈과 회사 간판이 아니면 이 일을 계속 할지, 나는 이 일을 하면서 지금 행복하다고 할 수 있는지, 왜 일을 하고 있는지 어느 날부터 의문이 들기 시작했어요.

그러다 2014년 세월호 참사를 보며 정신이 번쩍 들었습니다. 스스로는 아무것도 할 수 없는 현실이 크게 다가왔고, 뭔가 바뀌어야 한다는 생각이 강하게 들었습니다. 그동안 단순히 남들이 좋다는 길을, 더 빨리 더 높이 가려는 욕망만 있었다는 생각을 그제야 깊이 해 보게 되었습니다.

아침에 아이가 일어나는 것도 못 보고 일찍 회사에 출근해 여전히 제가 원하는 일에 대한 답을 찾지 못한 채 그 안에서 계속 달려야 하는 것에 대한 회의감도 있었고요. 회사 생활 10년 만에 커리어 사춘기를 겪었던 것 같아요.

그때부터 저는 일을 할 때 이 일을 왜 하는지, 누구에게 도움이 되는 일인지, 어떤 사람이 영향을 받을 수 있는 일인지 고민하며 살려고 노력 중입니다. 미션과 비전이 분명한 회사와 그렇지 않은 회사의 생산력 차이는 10배 정도에 달한다고 합니다. 본인이 왜 일하는지, 이 일이 왜 중요한지 알고 있는 경우와, 일을 단지 생계수단으로 여기는 경우는 차이가 크다는 것이죠.

의미가 만들어내는 일의 원동력

"돈 버는 것을 회사의 최우선 목표로 삼고 있지
않아요. 그보다 사회 문제를 해결하는 것에
주안점을 두고 있어요. 그래야만 훨씬 더 강력하고
많은 부를 창출할 수 있고요. 그게 사회적 선에
기여하기 때문에, 팀원들은 의미 있는 일을 한다고
생각하고 그래야 더 열심히 일하게 됩니다.
단순히 주주와 회사의 돈을 불리기 위해 일한다고
생각할 때보다 훨씬 더 많은 에너지가 나오는 거죠.
이른바 사명이 가장 중요해요."

_비바리퍼블리카 이승건 대표,《새로운 엘리트의 탄생》

여러분께 일의 의미를 강조하는 것은 시대의 변화 때문
이기도 합니다. 안정적인 직장의 대명사, S은행을 6년 다닌 E
의 사례를 말씀드릴게요. 그는 요즘 4차 산업혁명의 파도에
흔들리는 은행 업계가 불안해 저에게 이직 상담을 청해 왔습
니다.

"요즘 영업 압박이 심해요. 은행을 방문하는 고객이 급격히 줄어드는 게 피부로 느껴지거든요. 제가 그래도 일은 잘했거든요. 실적 1위도 몇 번 했고, 저희 지점이 전체 1위를 한 적도 있었고요. 그런데 시대가 이렇게 바뀌는데, 매일 똑같은 일을 반복하는 것이 무슨 의미인지 모르겠어요. 은행, 좋은 직장이죠. 안정적이고 월급도 많이 받고요. 그런데 저는 왜 이렇게 불안할까요? 이 일에서 어떤 의미를 찾을 수 있을까요?"

오랫동안 인간 고유의 영역이던 일자리가 점차 알고리즘에 의한 자동화, 컴퓨터화, 그리고 로봇에 의해 대체되고 있습니다. 더불어 일의 개념도 대전환을 맞고 있죠.

생계를 유지하거나 부의 축적만을 위해 일하는 시대는 빠르게 저물고 있습니다. 기계로 대체할 수 없는 인간 고유의 영역, 의미와 가치의 영역이 앞으로는 더 중요해질 것입니다. 만약 이 글을 읽고 있는 여러분이 제조, 철강, 건설, 유통, 미디어, 금융 업종 등에서 기존에 해 왔던 '전통적인 일'을 하고 있다면 E와 같은 고민을 해 봐야 합니다. 그 회사에서 일을 계속 하는 것이 과연 어떤 의미가 있고 비전이 있는지 말입니다.

창의적인 일을 계속 할 수 있는가

재미

'재미있는 일, 좋아하는 일을 찾아라.' 자기계발서에 단골로 나오는 메시지죠. 당연한 말이지만, 어려운 주문이기도 합니다. 도대체 재미있는 일이란 뭘까요. 저와 함께 그 답을 찾아가 보겠습니다.

자율성이 확보되는 일

좋아하는 것을 모른 채 일을 시작했더라도 자유 의지로 그 일을 할 수 있다면, 혹은 자신이 맡은 일에 끝까지 책임지고, 결과까지 확인할 수 있다면 일은 더 재미있어집니다. 대기업과 시중 은행을 거쳐 벤처회사에서 일하고 있는 Z의 이직 스토리를 들어보시죠.

"대기업에선 노력한 일에 대한 실질적인 아웃풋이 보이지 않았어요. 은행은 원하지 않는 부서로 발령이 나면서 일이 재미없어졌고요. 벤처회사에 와서도 두 차례 이직했는데, 저는 노력과 행동에 대한 결과를 (그게 잘되든 못 되든 상관없이) 확인할 수 있을 때, 일이 재미있다고 느끼죠."

새로움을 발견할 수 있는 일

관성과 타성에 의해 일할 때 회사는 더 이상 재미없습니다. 경쟁이 거의 없는 독점 기업에서 일하며, 저녁이 있는 삶을 사는 H는 주변의 부러움을 뒤로 하고 이직 고민을 시작했습니다.

"4시면 일이 끝나요. 이렇게 일이 쉬워도 될까 걱정이 돼요. 누구는 젊을 때 고생은 사서도 하라는데 나중에 '빡센' 직장으로 이직할 수 있을지, 그런 곳에서 버텨낼 수 있을지 고민이 되고 무엇보다 재미가 없어요. 늘 갔던 곳이고 늘 아는 사람을 만나고 새로울 것이 없어요."

하루 24시간 중 최소 8시간, 일생의 3분의 1을 보내야 하는 회사 일이 그저 관성과 타성에 의해 흘러간다면? H가 걱정하는 것처럼 100세 시대에 직업을 3~4번은 바꿔야 하는 우리에게, 오히려 가혹한 부메랑이 되어 돌아올 가능성이 농후합니다. 이렇게 '쉬운' 일은 기계에 의해 대체되기 가장 '쉬운' 일입니다. '새로움을 발견하는 재미'가 없는 일은 그래서 위험합니다.

적성과 흥미에 부합하는 일

저는 금융업에 계속 있었지만 숫자를 그리 좋아하지 않았어요. 사람을 만나 떠들고 이야기하는 게 더 좋은데 회사에서 숫자만 보고 있으려니 괴롭더라고요. 더군다나 그 숫자가 회사의 손익에 결정적으로 영향을 미치니 이러다 심장마비로 죽겠다는 생각이 들 정도로 스트레스를 받았어요.

그런데 직접 일해 보지 않고 적성과 흥미를 발견하기는 어렵습니다. 마치 연애를 책으로 배운 사람이 실전 연애를 잘할 것이라 착각하는 것과 같은 이치로 말입니다. 다양한 일을 직접 경험해 봐야 어떤 일에서 재미를 느끼는지 알 수 있습니다. 여태까지 우리가 일을 통해 재미를 찾는 것이 더 어려웠던 이유는 이것들을 충분히 생각하고 고민하며 부딪쳐 볼 시간이 없었기 때문이기도 합니다.

그동안 우리는 '속도 전쟁과 스펙 경쟁'에 내몰려 있었잖아요. 진짜 이 일을 하고 싶은지보다 뽑아 줄 만한 회사와 직무를 지원했던 것이 현실이고요. 그렇게 타인의 '속도'에 맞추며 살다 어느 날 정신이 돌아오면 좋아했던 일을 하고 있는지, 하고 싶은 일을 찾는 것은 왜 이리 어려운지 고민하게 되는 것이죠.

재미를 느끼는 일을 찾으려는 시도, 그런 일을 위한 더 좋은 회사를 찾는 것은 계속되는 것이 옳습니다. 시대가 우리에게 그것을 요구하고 있기도 하고요. 미래는 '덕후'의 세상이 될 것입니다. 덕후까지는 아니더라도, 어떤 일을 할 때 가장 재미를 느끼는지를 살펴보는 것이 더 안전한 길일지도 모른다는 생각이 듭니다. 일을 할 때 재미있어야 현실적으로 힘든 시기가 왔을 때 잘 버텨낼 수 있는 것도 사실이고요. 그러나 주의할 것은, 조바심을 내지 말았으면 좋겠어요. 적성과 흥미를 찾는 것은 누구에게나 어렵고, 우리는 그것을 어디에서도 배운 적이 없으니까요.

긍정적인 집단에 속해 있는가

인간관계

새 직장을 찾은 지 6개월 만에 또 한 번의 이직을 고민 중인 O. 그는 상사의 괴롭힘을 참지 못하고 제게 도움을 청했어요.

"직속 상사는 좋은 분이세요. 리더십도 있고 비전도 있고. 문제는 직속 상사 위 본부장이에요. 제가 미운가 봐요. 너무 '갈궈요'. 어떤 걸 보고해도 한 번에 통과되는 법이 없고, 중요하지도 않은 문제로 계속 트집을 잡고. 이렇게 살다가 말라 죽을 것 같아요."

'무슨 일을 하느냐보다 누구와 일하느냐가 더 중요하다'는 말 자주 들어보셨을 거예요. 국가인권위원회가 2018년 2월 공개한 '우리 사회 직장 괴롭힘 실태' 설문조사에 따르면, 직장인 73.3%가 최근 1년간 한 번 이상 직장 내 괴롭힘을 경험했다고 하니, 직장 내 민주화는 아직 요원한 것처럼 보이네요.

인간관계 때문에 이직하는 것은 과연 합리적일까요. 저는 O에게 이렇게 조언했습니다. "떠나기 전에 자신의 목소리를 한 번이라도 꼭 내보세요." 회사에서 인간관계는 무조건 피한다고 나아지지 않습니다. '또라이 불변의 법칙'도 있잖아요? 어떤 회사든 '또라이'는 꼭 있고, 자신의 성과를 부풀리거나 남의 성과를 뺏어가는 사람도 꼭 있습니다.

　저는 이직을 처음 해 본 직장에서 동료의 '이상한 공기'를 느낀 적이 있었습니다. 저보다 나이가 세 살 많으나 직급은 같은 분이 저를 경계하고 업무에 전혀 협조하지 않았죠. 도저히 일이 진행되지 않아, 저는 그분에게 메시지를 보내 회의실에서 1:1로 마주하고 솔직히 말했습니다.

　"마음에 안 드는 부분이 있다면 솔직하게 말해 주세요. 제가 잘못된 부분은 고쳐나갈게요. 같은 부서에서 서로 경계하고 미워하며 일을 하는 건 너무 소모적인 일이라고 생각해요. 합리적인 방향으로 잘해 보았으면 좋겠어요"라고요. 제가 솔직하게 이야기를 꺼내니, 그분이 이렇게 이야기했어요. "오자마자 이것저것 바꾸려 하니 불편했어요. 여태까지 그 방식으로 일한 사람이 있는데, 그 사람들을 다 무시하는 것 같아 기분이 나빴어요"라고요.

　제가 생각지 못했던 부분이었고, 이야기를 들어보니 그럴 만하다는 생각이 들었습니다. 서로 사과하고 마무리한 후에는 어떤 부분에서 서로 조심해야 하는지 알게 되면서 갈등 상황은 눈에 띄게 줄어들었습니다.

노력해도 바뀌지 않는다면, 옮겨라

이처럼 갈등관계에 있는 상대와 허심탄회하게 이야기하는 것이 때로는 현명한 대응 방법일 수 있습니다. 그와 나의 괴리는 얼마나 되는지 그 간극을 좁히기 위해서 어떤 방법이 좋을지 고민해 보고, 그 고민을 상대에게 알리고 상대방 의견을 들어보는 최소한의 노력이 필요합니다. 소리 내서 말하기 전에 상대는 당신의 괴로움을 모를 수 있고, 상대에 대한 지레짐작이 관계를 더 힘들게 만들 수 있기 때문입니다.

그런데 이게 말처럼 쉬운 이야기가 아니죠. 회사나 부서 분위기에 따라 이런 말을 꺼낼 엄두조차 나지 않을 수도 있고요. 전혀 말을 할 수 있는 분위기가 아니거나, 혹은 노력을 해 보았는데도 나아지는 바가 전혀 없다면, 같이 일하는 동료나 상사에게 자신의 의견을 말할 때마다 조심스럽고 부담스럽다면, 그때는 이직을 고민해 보세요.

매사 부정적이고 당신의 기를 갉아먹는 사람들이 회사에 가득 차 있다면 버티지 마세요. 아무리 긍정적이고 파이팅 넘치는 사람이더라도 그런 상황은 당신을 갉아먹을 수밖에 없어요. '우아한 형제들'의 장인성 CBO는 책《마케터의 일》에서 "인간은 잘 바뀌지 않고, 누군가를 미워하는 동안 마음도 피폐해진다"고 했었죠. 저도 동의합니다. 잘 맞는 사람과 일할 때 긍정적인 에너지가 생기고, 더 크고 멋진 일을 만들어낼 수 있습니다.

지금 한국의 기업들은 과도기를 겪고 있습니다. 수직적 커뮤니케이션에 익숙한 기성세대와, 수평적 커뮤니케이션에 익숙한 밀레니얼 세대가 함께 회사를 다니면서 세대 간 충돌이 벌어지는 것이죠. 지금 당신이 겪고 있는 인간관계의 괴로움은 이런 구조적 문제에서 기인했을 가능성이 높습니다.

고속 성장하던 과거 산업화 시대에는 '까라면 까는' 군대 문화가 약이 되기도 했습니다. 그러나 지금은 오픈 이노베이션, 창의성, 투명한 커뮤니케이션이 곧 기업의 핵심 경쟁력입니다. 미래의 경쟁력을 갖춘 회사로 옮기는 것은 해 볼 만한 일입니다. 당신은 자격이 충분하니까요.

회사를 고를 때
무엇이 가장 중요한가

'일'을 선택할 때 무엇이 가장 중요한가

당신이 이직을 고민한다면, 당신의 상황을 보다 객관적으로 체크해 볼 필요가 있습니다. 1장에서 다룬 성장, 연봉, 워라밸, 의미, 재미, 인간관계 등 총 6개의 요소 중 가장 중요하게 생각하는 것에 5점 만점으로 가중치를 매겨보세요. 그리고 현재 회사의 만족도를 따져보세요. 여기서 미스 매치가 일어나는 항목이 바로 당신이 이직을 원하는 정확한 이유입니다.

개인적으로는 저는 지난 10년간 '성장'과 '연봉'에 초점을 맞춘 까닭에 그것을 잘할 수 있는 회사들로 이직했고, 현재는 일의 '의미'와 '성장'으로 가중치가 옮겨가면서 하는 일의 성격과 함께 일하는 사람들이 달라지고 있습니다.

Check List

	가중치	현재 느끼는 만족도(5점 만점)
성장		
연봉		
워라밸		
의미		
재미		
인간관계		

당신에게 성장·연봉·워라밸·의미·재미·인간관계란

항목별 의미를 조금 더 구체적으로 생각해 보고 나만의 언어로 표현해 보는 것도 필요합니다. 어떤 사람에게는 '성장'이 돈을 많이 벌고 간판 좋은 직장에 다니는 것일 수 있고, 어떤 사람에게는 내적 성장일 수도 있으니까요. 각 항목에 대해 다음 표에 제시한 질문을 던져보세요. 그러면 나만의 정의를 내리는 데 도움이 될 것입니다.

각 요소별 각자의 정의

성장	나에게 '성장'은 어떤 의미인가?
	진짜 실력을 키우는 일을, 당신은 지금 하고 있는가?
	상사 혹은 동료로부터 당신이 한 일의 결과물에 대한 피드백을 충분히 받고 있나?
	이 일을 하고 나면 당신에게 무엇이 자산으로 남을지, 판단이 되는 일을 하고 있나?
	명함에서 회사 간판을 떼고 당신의 이름만 남았을 때, 스스로 독립할 수 있는 힘을 기르는 일을 하고 있나?
	(스스로의 질문)
연봉 (보상)	돈은 내 삶의 우선순위 중 몇 번째 일까?
	만약 연봉을 하향 조정해야 한다면 다른 어떤 조건이 충족되어야 할까?
	당신이 일하는 가치에 합당한 보상을 받고 있다고 생각하나?
	당신의 가치에 대한 합당한 보상을 숫자로 이야기한다면, 어느 정도여야 하나?
	현재 받고 있는 보상에 만족하지 못한다면, 이유는 구체적으로 무엇인가?
	(스스로의 질문)
워라밸	회사에서 보내는 시간에 대한 당신의 기준은 어떠한가?
	일하는 시간을 선택할 수 있는 자유가 있는가?
	시간의 '양'이 아니라 '질'로 이야기한다면, 당신의 일의 '품질'에 대해 자신이 있는가?
	(스스로의 질문)

의미	그 회사를 계속 다니는 것이 과연 어떤 의미가 있는가? 비전이 있는 일인가?
	당신의 일은 어떤 의미를 갖고 있나?
	왜 그 일을 하고 있는가?
	왜 중요한지 알고 있는가?
	(스스로의 질문)
재미	일을 할 때 어느 정도의 자율성이 확보되는 일인가?
	일을 하며 새로움을 발견하고 있는가?
	적성과 흥미가 있는 일인가?
	(스스로의 질문)
인간관계	긍정적 영향을 미치는 동료들과 일하고 있는가?
	당신과 합이 잘 맞는 사람과 일하고 있는가?
	함께 일하는 동료를 좋아하나?
	(스스로의 질문)

02

더 좋은 회사의
조건

답은 '업황'에 있다

이번 장은 방탄소년단(BTS) 이야기로 시작해 보려 합니다. 요즘 엔터테인먼트 업계의 핵은 단연 BTS인 것 같습니다. BTS의 전 세계적 인기에 힘입어 소속사 빅히트 엔터테인먼트는 2018년 매출액 2142억 원, 영업이익 641억 원, 당기순이익 502억 원을 기록해 국내 엔터테인먼트 1위(영업이익 기준)*에 올랐는데요. 이는 전년대비 매출액 132%, 영업이익 97%, 당기순이익 105%가 증가한 수치로, 2018년 기준 기업가치는 1조 2800억(11억 6000만 달러)~2조 2800억 원(20억 7000만 달러) 수준으로 추정되고 있습니다. 국내 증시에 상장된 3대 연예기획사인 SM(1조 604억 원), JYP(9296억 원), YG(5805억 원)의 시가총액을 훌쩍 뛰어넘고 있습니다.

BTS는 어떻게 세계를 흔들었을까요. 중소기획사로 시작한 빅히트는 어떻게 SM, YG, JYP 같은 대형 기획사를 제칠 수 있었을까요.

그들의 성공 요인은 다양하게 분석되지만, 저는 이들이 '전 세계 음악시장의 변화를 빠르게 읽고 대응'한 부분이 매우 크다고 생각합니다. 작곡가이자 프로듀서인 빅히트의 방

---

* 출처 : 현대경제연구원 '방탄소년단의 성공 요인 분석과 활용방안' 보고서

시혁 대표는 지난해 조선일보와의 인터뷰에서 '장르의 믹스처(mixture, 혼합)'가 현재 전 세계 중요한 트렌드라며, "예전에는 힙합과 EDM(전자댄스음악)은 상극이라고 했는데, 지금은 둘을 결합한 음악도 엄청나게 많이 나온다. 'DNA'도 이런 흐름을 잇는 곡"이라고 설명한 바 있습니다.

지난해 8월 발표한 신곡 'IDOL'에 대해서도 빅히트는 "사우스 아프리칸 댄스 스타일로, 아프리칸 비트 위에 국악 장단과 추임새가 겹쳐지고, 트랩 그루브의 랩을 최신 유행의 EDM 소스가 받쳐준다"고 설명했는데요. 이들은 트렌드를 긴밀히 좇으면서, BTS만의 색깔을 입혀 반 발자국 앞서나가는 전략을 취했습니다.

소셜 미디어 역시 BTS의 인기에 큰 몫을 했는데요. 이들은 하루의 감상, 이동 중의 일상, 콘서트, 공연 뒷이야기 등을 트위터나 온라인 커뮤니티, 유튜브에 올리며 팬들과 실시간 소통하고 있습니다. 그들이 의도했든 의도하지 않았든, 소셜 미디어 시대에 '공감, 소통, 연결'의 키워드를 가장 잘 활용하며 팬덤을 한층 더 두텁게 만들어가는 중입니다.

시대의 변화를 따라가는 회사

갑자기 아이돌 그룹 이야기를 한 것은 사실 제가 그들의 팬이라는 사심 때문만은 아닙니다. '더 좋은 회사의 조건'에 대한 힌트가 여기에 있기 때문입니다. 더 좋은 회사로 이직하기 위해서는 업황이 어떠한지, BTS와 빅히트처럼 시장의 변화를 기민하게 읽어낼 줄 알아야 합니다.

게임회사 블루홀에서 일하다, 기아자동차로 이직하려는 A의 사례를 통해 한 걸음 더 들어가 보죠. 블루홀이란 회사를 아시나요? 최근 '대박'이 난 게임, '배틀 그라운드'를 만든 회사입니다. A의 이직의 변을 들어보시죠.

"진짜 '게임 덕후'들이 많거든요. 저는 게임을 좋아하긴 하지만 그 정도는 아니라 아무래도 일할 때 한계가 있는 것 같아요. 그리고 더 안정된 큰 회사에서 일해 보고 싶다는 생각이 들어서요. 아무래도 게임회사는 불안한 게 있죠."

저는 A를 말렸습니다.

개인의 성향과 시장 상황을 생각할 때, 그대로 있는 것이 더 낫다고 판단했기 때문입니다. 회사의 규모나 시가 총액으로만 보자면 블루홀보다 기아차가 훨씬 우위에 있습니다. 블루홀의 기업가치는 5조 원 전후이고, 기아차의 기업가치는 13조 원이 넘으니까요. 회사가 보유하고 있는 자본력, 임직원 수도 기아차가 월등합니다.

그러나 회사의 안정성과 성장성을 가늠하는 기준은 '회사의 덩치'가 아니라, '시대 변화를 얼마나 잘 읽어내고, 얼마나 제대로 준비하고 있느냐'입니다.

조금 더 구체적으로 설명해 보겠습니다. 자동차 업계에 계신 분께는 죄송하지만, 현재 자동차 업계는 좋은 상황이 아닙니다. 무인 자동차, 자율주행 기술 등이 앞으로 자동차의 핵심 기술이 될 텐데 이 기술은 구글이 갖고 있지 기아차가 갖고 있지 않죠(무인 자동차 영역에서는 기계의 성능보다 주행 정보와 차량 외부의 다양한 데이터를 신속히 분석해 최적의 결정을 내리는 알고리즘이 더 중요합니다).

또 소비 패턴이 바뀌면서 외제차 구매 비율이 올라가고 있고, 자동차를 소유하기보다 공유하는 행동 변화도 일어나고 있습니다. 자동차 공유 서비스 업체인 우버의 기업가치가 현대차, 기아차를 앞지르고 있는 것을 보면 이를 알 수 있죠.

코스닥 상장社 평균연봉 TOP10 단위 : 만 원

기업	평균연봉
셀트리온헬스케어	1억3500
SKC코오롱 PI	1억700
스튜디오드래곤	9400
에스에프에이	8400
톱텍	8400
고영	8300
CJ E&M	7300
포스코켐텍	7300
원익IPS	7000
포스코 ICT	7000

코스닥 시총 상위 기업(한국거래소 2018년 5월 28일 기준), 출처 : 사람인

　　이런 변화는 자동차회사만의 문제는 아닙니다. 우리나라 대부분의 대기업이 처한 문제예요. 이 세상에 안정적인 직장은 더 이상 존재하지 않습니다. 경제 위기, 정리해고, 명예퇴직, 치솟는 실업률 등은 이미 일상적인 문제가 되었고, 이 이슈들은 특정 직급이나 연령대를 겨냥하지 않습니다.

　　오히려 가장 치명적인 위험은 '내일 당장 망할 수도 있다는 것을 모르는 것'입니다. 한진해운, 대우조선해양, 코닥, 노키아, 토이저러스 등에서 일했던 분들이 회사가 정말 그렇게 망할 줄 알았을까요?

반면 업황이 좋아지고 있는 기업은 회사의 규모와 상관없이 연봉도 열악하지 않습니다. 코스닥에 상장되어 있는 일부 기업들은 앞의 표에서 보듯 높은 연봉을 제시하고 있는데요.

셀트리온헬스케어는 저렴하면서도 경쟁력 있는 약을 대량 공급하는 회사가 우위에 설 수 있다는 점을 미리 내다보고 발 빠르게 대규모 투자를 했는데, 글로벌 헬스케어 산업이 성장 추세를 달리며 2017년에 상장까지 성공했습니다. 덕분에 업계에서 가장 높은 연봉을 자랑하는 중입니다.

스튜디오드래곤은 CJ E&M에서 분사한 회사예요. 드라마 '미생' '시그널' '도깨비' 보셨죠? 저는 2018년 상반기에 드라마 '나의 아저씨' '김비서가 왜 그럴까'도 정말 재미있게 보았는데 모두 이 회사에서 제작한 드라마입니다. 한국 드라마의 판을 바꾸고 있다는 평과 함께 중국을 포함해 넷플릭스로 드라마 판권을 수출하면서 VOD, PPL 수익을 높이며 회사 실적이 매우 좋아지고 있습니다.

2017년 매출액은 2868억 원으로 전년(1544억 원) 대비 86% 증가했고, 영업이익은 330억 원으로 전년(166억 원) 대비

2배가량 뛰었어요. 회사가 돈을 잘 버는 사이클에 있으니 연봉도 올라가는 것입니다.

이직하기 좋은
타이밍

흔히들 이직하기 좋은 타이밍을 3~10년 차 사이로 많이 이야기합니다. 너무 주니어일 때는 애매하고, 너무 시니어가 되면 회사에서 부담스러워 하거든요. 그런데 저는 이직 타이밍을 결정할 때 단순히 그 회사에서 몇 년 일했는지를 보고 결정하는 게 아니라, 개인의 실력과 업황을 함께 고려해 결정해야 한다고 생각합니다. 회사 전체의 비즈니스 사이클 주기가 어떻게 되는지 판단하고, 이직하려는 상황에서 그 회사의 사이클이 어느 국면에 있는지 분석해 보는 것이 필요해요.

다음 표는 회사 혹은 산업의 '상품·서비스의 도입-성장-성숙-쇠퇴'를 설명해 주는 '제품 라이프 사이클'인데요. 개인의 커리어에서 가장 좋은 상황은, 회사(일)의 성장기 초반에 들어가서 성숙기의 정점을 지나는 시점까지 일하고, 또 다른 회사로 이직하는 것입니다. 그런데 저는 간혹, 아니 많은 경우에 이미 성숙기에 도달한 회사(일)에 들어가려고 애를 쓰는 분을 많이 봅니다.

이것을 투자의 관점에서 한번 이야기해 볼게요. 은행 예금이나 무위험 채권은 매우 안정적이지만 기대수익률이 낮죠. 반면 주식이나 선물 옵션 투자 등 리스크가 큰 상품일수

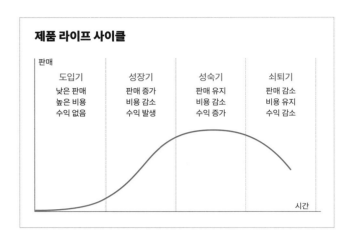

제품 라이프 사이클

판매

도입기	성장기	성숙기	쇠퇴기
낮은 판매	판매 증가	판매 유지	판매 감소
높은 비용	비용 감소	비용 감소	비용 유지
수익 없음	수익 발생	수익 증가	수익 감소

시간

록 기대수익률은 올라갑니다.

회사 일은 어떨까요? 지금 안정적이라고 생각하는 회사, 그래프의 '성숙기'에 속한 회사들은 당장 눈에 보이는 리스크가 적다는 불분명한 '가정'일 텐데, 이 '가정'이 우리가 예금에 투자할 때처럼 지속될 수 있을까요? 시대가 불안하고 불확실해지면서, 더 확실해 '보이고' 안정적으로 '보이는' 직장에 들어가기 위한 경쟁은 점점 더 치열해지고 있습니다.

그런 경쟁을 뚫고 그 직장에 들어간다 한들, 그곳에서 할 일이 많이 있을까요? 그리고 그 직장은 절대 망하지 않을까요? 지금 당장 안정적으로 보이는 직장 역시 미래를 생각할 때 또 다른 리스크가 있을 수 있다는 것을 기억하세요. 우리에게 필요한 것은 더 좋은 회사를 선별해 내는 '안목'을 키우고 그에 맞는 준비를 하는 것입니다.

안정적인 직장은 없다

어느 회사를 가나, 그곳이 공기업이더라도 리스크는 사라지지 않습니다.

증권사에서 애널리스트로 10여 년간 일했던 B는 최근 제조업 내 신사업 투자 관련 부서로 이직했습니다. 그가 증권사에서 일할 때는 성장기-성숙기 국면이었는데, 시장이 변화하면서 성숙기 후기-쇠퇴기로 진입하면서 내린 결정이었어요.

"애널리스트 일이 '모두의 을'이거든요. 예전에는 연봉도 많이 받고, 업황 자체가 좋아서 할 일도 많고 재미있었어요. 그러다 서브프라임 사태 이후 2014년부터 안 좋아지고 있어 커리어 고민이 많았죠. 그 와중에 제조업이지만 스타트업을 발굴하고 투자 가치를 분석하는 기회가 생겨 이직하게 되었어요. 이쪽도 다운 사이클이긴 하지만 증권업보다는 나은 것 같아요."

이제는 그리고 앞으로는 더욱 대기업, 중소기업, 스타트업의 구분이 중요하지 않습니다. 그 회사가 가진 핵심 역량이 무엇이냐, 시대의 변화에 어떻게 적응하고 있느냐가 훨씬 더 중요해질 것입니다. 이런 시대에 지금 내가 다니는 회사만 보고 있으면 안 됩니다. 이 회사가 속한 업황은 어떻게 변화할지, 어떤 회사들이 저물고 생겨나고 있는지, 왜 그럴지 생각해 봐야 합니다.

은행이나 증권사에 다니고 있다면, 같은 산업 내 국내·외국계 회사들을 비롯해 카카오뱅크, K뱅크, 와디즈(크라우드 펀딩), 토스(간편 송금), 8퍼센트·렌딧(중금리 대출) 등의 회사에도 관심을 가져봐야 합니다. 미디어, 유통, 자동차 등 다른 산업도 마찬가지예요. 산업 내 다른 회사를 종횡으로 보는 관점과 안목을 키워나가는 것이 필요해요.

우리는 운이 좋은 사람을 부러워합니다. 저도 그래요. 그렇지만 그들의 운은 어느 날 갑자기 하늘에서 뚝 떨어지지 않아요. 시장이 어떻게 변화하는지, 자신은 지금 어디에 서 있는지, 앞으로 어디로 가야 할지 끊임없이 고민하고 시도하는 사람들이 그 운을 만들어 나갑니다.

여러분이 다니는 회사가 속한 시장은 어떻게 달라지고 있는지, 그 시장을 선도하는 회사는 어디인지, 여러분의 회사는 어디쯤에 와 있는지 생각하고 고민해 보세요. 회사의 '무엇'을 보고 '어떻게' 살펴봐야 하는지는 천천히 알려드릴게요.

사양 산업에서
이직하는 법

경력직의 이직은 솔직히 의지만으론 되지 않습니다. 역량과 실력을 갖추는 것은 기본이고, 이직하려는 회사와의 적합도도 상당히 중요한데요. 그 전에 업황을 분석하는 것이 선행돼야 합니다. 일단 여러분이 다니는 회사 상황만 지금 안 좋은 것인지, 다 같이 가라앉고 있는 중인지 판단해 보세요. 동종 업계가 다 같이 가라앉고 있다면, 다른 업계를 살펴봐야 합니다.

미디어를 예로 들어볼게요. 전통적인 미디어의 시대는 저물고 있습니다. 종이 신문이나 공중파 TV 같은 레거시 미디어는 미디어 소비 행태의 변화로 어려움을 겪고 있습니다. 이때 CJ E&M 혹은 유튜브나 넷플릭스 같은 뉴미디어의 변화를 살펴봐야 합니다.

'윤식당'이나 '신서유기' 같은 프로그램 보셨나요? CJ E&M에서 제작한 프로그램인데, 네이버TV로도 방영되고, '윤식당'에서 했던 음식은 배달의민족을 통해 판매됐죠. '코미디 빅리그'의 한 코너는 CJ오쇼핑에 진출해 굉장히 빠른 속도로 상품 매진을 만들어 내기도 했습니다. 프로그램을 TV에서만 방영하고 끝나는 것이 아니라, 다양한 채널에서 수익을 내고 있죠. 넷플릭스는 가장 앞단에서 변화를 만들어내는 점에서 주목할 만하죠.

엔터테인먼트 업계로 확장해 볼까요. SM, YG, JYP, 제가 좋아하는 BTS의 소속사 빅히트 엔터테인먼트 등은 점점 미디어 기업화를 추구하고 있습니다. 단순히 연예인을 양성하고 음반을 내고 공연을 하는 것에 그치지 않고, 자체 제작 예능을 만들어 네이버TV나 유튜브로 방송하고, 이런 활동을 앞으로 더 적극적으로 하려 합니다. 실제로 이 회사들은 이런 콘텐츠 제작을 이유로 전통 미디어에 있던 사람을 스카우트하고 있습니다. 마켓의 변화를 읽어야 하는 이유 중 하나죠.

기존 커리어의 연관성 살리기

만약 레거시 미디어에서 일했던 사람이, 예를 들어 전통 미디어 기자가 다른 업계로 이직한다면, 일단 그동안 써 온 자신의 콘텐츠와 관련성이 가장 높은 업계로 이직을 시도하는 게 성공 확률이 높습니다.

경력직의 이직은 일단 그 사람이 가진 실력과 역량에서부터 출발하기 때문인데요. IT를 한 번도 취재한 적이 없는데 IT 분야로 간다거나, 엔터테인먼트 업계를 취재해 본 적이 없는데 그 분야로 가기는 현실적으로 어려울 수 있다는 이야기죠.

반대로, 경제지 기자였다면 금융, IT 기자였다면 콘텐츠 플랫폼 회사 등의 마케팅이나 홍보 포지션으로 이직할 수 있습니다. 실제로 제가 국내 증권사에서 일할 때 저와 함께 일했던 분이 경제지 기자 출신이었어요. '기자'라는 일의 특성이 주는 강점이 무엇인지를 판단하고, 관심 있는 회사에 어떻게 활용할 수 있는지 생각해 보는 것도 필요합니다.

산업이 지각 변동하는 것은 맞지만, 콘텐츠를 기획하고 취재하며 글을 쓰고 그 콘텐츠를 유통하는 기자의 '역량'은 여전히 중요합니다. 자신의 역량이 필요한 회사가 어디인지 파악하고 그쪽으로 이직해야 합니다. 브랜드 저널리즘을 구축하고 있는 회사도 한 예로 생각해 볼 수 있습니다. 인텔은 iQ라는 디지털 잡지를 발간하는데, 여기에 글을 쓰는 사람들은 다른 매체의 기자이거나 작가인 경우가 많아요.

또는 커리어 패스를 길게 보고 홍보대행사로 이직했다가 관심 산업군으로 또 한 번 이직을 모색할 수도 있고, 신사업 기획 쪽을 고려해 볼 수도 있습니다. 직업상 새로운 현상을 누구보다 빨리, 많이 보았던 점과 다양한 네트워크를 활용할 수 있는 점 등을 특히 강조해서 자신을 마케팅하는 것이죠.

제가 기자를 예로 들었지만 지금 쇠퇴기에 있는 회사에서 나와야 한다면, 지금까지 여러분이 해 온 일을 정리해 보고, 다른 곳에 어떻게 쓰일지 생각해 보세요. 자신의 경력을 이력서와 면접에서 효과적으로 어필하는 방법에 대해서는 4장에서 보다 상세히 말씀드리겠습니다.

회사의 '비즈니스 모델'과 '정확한 미션' 파악하기

제가 커리어 코칭을 하며 놀란 것은, 의외로 많은 분들이 회사에 대한 구체적인 정보 없이 이직을 결정한다는 것이었습니다. 회사 간판만 보고 이직했다가 후회하는 모습도 자주 목격했고, 대기업·외국계·스타트업 등 너무 크고 추상적인 분류로 접근하는 경우도 많이 보았습니다.

여러분은 회사를 옮길 때 어떤 준비를 하시나요? 잡포털 사이트를 검색하거나 잡플래닛, 글래스도어, 블라인드 등에서 현직자들의 후기를 보는 것은 다들 해 보셨을 것 같아요. 하지만 이것만으론 불충분합니다.

이직을 고민할 때 우리는 좀 더 깊고 넓게 회사를 분석해 볼 필요가 있습니다. 이 회사에서 일하려는 이유가 무엇인지, 그곳에서 여러분은 일을 잘할 수 있을지, 자신과 그 회사가 맞을지 충분히 고려하고 따져보아야 합니다. 이직하려는 회사의 비즈니스 모델과 핵심 경쟁력은 무엇인지, 그들이 해결하고자 하는 문제는 무엇이며 현재 업계에서 어떤 위치에 있는지, 미래 성장 가능성은 얼마나 되는지, 그곳에서 제대로 성장할 수 있을지 분석해야만 합니다. 그래야 후회하지 않습니다. 아는 만큼 이직도 잘합니다. 어떤 것을 체크해야 하는지 구체적인 기업 탐색 방법을 살펴봅시다.

회사의 비즈니스 모델을 파악하는 법

지금 여러분의 회사가 어떻게 돈을 벌고 있는지 알고 계신가요? '회사가 잘 만든 상품·서비스를 좋은 가격에 팔아서 이윤을 많이 남기는 것이 목표지, 무슨 소리?' 할지도 모르겠어요.

회사의 비즈니스 모델을 생각하지 않아도 일하는 데는 큰 지장이 없을 수 있습니다. 규모가 큰 조직일수록 먼 이야기 같죠. "나는 OO팀에서 일하는 OO일 뿐인데 비즈니스 모델이 나랑 무슨 상관?"이라고 생각할 수도 있고, 골치 아프게 그것까지 알아야 하나 싶을지도 모릅니다. 그러나 당신이 더 좋은 회사에서 일하고 싶다면 알아야 합니다. 비즈니스 모델은 무엇인지, 그에 따른 '핵심 역량'을 갖추었는지에 따라 회사의 흥망이 좌우되기 때문입니다.

'WeWork(위워크)'를 예로 들어볼까요? 2016년 8월 한국에 진출한 위워크는 설립 7년 만에 기업가치 22조 원을 달성한, 성장 속도가 매우 빠른 기업 중 하나입니다. 12개국 33개

도시에 진출, 입주 기업 숫자는 1만 개를 돌파했고 회원은 6만 명이 넘었죠. 한국에서는 2016년 한국 진출 이후 서울 17개 지점, 부산 2개 지점을 내며 확장세입니다. 위워크는 간단히 설명하자면 '공간 공유 플랫폼'입니다.

이 회사의 비즈니스 모델은 '10년 또는 20년 단위로 사무 공간을 장기 임대한 뒤, 그걸 다시 잘게 나누어 월 단위의 코워킹 스페이스로 재임대하는 것'에서부터 출발합니다. 건물 전체 또는 전 층을 한 회사만의 전용 공간으로 사용할 수 있게 하거나 책상, 의자, 캐비닛 등을 구비하고 개인이나 소규모 회사에 임대하면서 '멤버십' 비용을 받습니다.

위워크는 단순히 물리적 공간만 빌려 주는 게 아니라 비즈니스를 하는 데 필요한 제반 서비스를 제공하고, 이러한 서비스 가치를 회원사로부터 받는 비용에 녹여 내고 있는데요. 회의실을 빌려 주고 프린트나 라운지 공간을 공유하며, 커피나 맥주 등을 제공할 뿐 아니라 입주 회원사 및 구성원들끼리의 네트워크를 구축하고 있습니다. 이 네트워크를 통해 구인 공고를 낼 수 있고 사업 아이디어에 대한 피드백을 다른 국가의 회원들로부터도 받을 수 있다고 해요.

WeWork Richmond Street, Toronto, Canada

이런 이유로 위워크는 자신들은 부동산 회사가 아닌 IT 서비스 기업이라 말하고 있습니다. 단순 임대업이 아니라, 크리에이터를 위한 커뮤니티 공간을 구축해 주는 걸 비즈니스 모델로 삼은 것은 발상의 전환이었죠. 위워크가 미래를 바라보는 젊은 세대에게 인기 있는 이유 중 하나입니다.

회사의 비즈니스 모델을 분석하다 보면 내가 이 회사에 가서 재미있게 일할 수 있을지가 눈에 보입니다. 이 회사에서 필요한 역량은 무엇인지, 내가 기존에 하던 직무와 연관성이 얼마나 될지, 또 내가 일에서 중요하게 생각하는 가치와 회사의 가치가 어느 정도 부합하는지 분석이 가능합니다.

위워크라면 '부동산+IT 서비스'라고 할 수 있겠죠? 그럼 일단 이 부분에 관심이 있어야 이 회사에서의 일이 더 재미있을 것입니다. 이것을 기본으로 일을 더 작은 단위로 쪼개보는 것이죠.

위워크의 비즈니스 모델에서는 입지를 선정하는 일, 회원사 간 커뮤니티를 지원하고 운영하는 일, 제공 서비스를 정의·유지·개선하는 일, 글로벌 네트워크를 안정적으로 유지·개선하는 일, 멤버십 비용을 책정·조율하는 일, 이러한 활동을 외부에 알리는 일, 입주 회원사들이 많아지도록 세일즈하는 일 등이 있을 것입니다. 이 중 어디에 본인이 적합한지, 왜 그런지를 생각해 보는 것이죠.

여러분도 관심 있는 회사의 비즈니스 모델과 핵심 역량을 분석해 보세요. 이 고민이 깊은 수준으로 이루어지면 이루어질수록, 여러분이 성장할 수 있는 회사를 제대로 감별할 가능성이 높아집니다(관련 책으로 알렉산더 오스터왈더, 예스 피그누어의 《비즈니스 모델의 탄생》을 추천합니다).

어떻게 회사의 '정확한 미션'을 알 수 있을까

회사의 비전 혹은 미션을 입사하거나 이직할 때 확인해본 적 있나요? 제가 여러 기업의 홈페이지를 찾아보니, 공통적으로 나오는 단어가 있었습니다. '미래' '창조' '리더' '함께' '1등'이었는데요. 우리나라 기업들이 이 비전에 나온 말처럼 모두 1등이고 미래를 보며 창조하는 리더로서 역할을 할 수 있다면 참 좋겠다는 생각이 들었습니다. 온갖 좋은 말로 쓰인 비전은 사실 우리에게 별로 와 닿지 않죠.

제가 여기서 말하려는 회사의 비전은, 이렇게 온갖 좋은 소리로 점철된 알 수 없는 문장이 아니라 회사가 풀고 싶은 문제입니다. 왜 이 일을 하는지에 대한 구성원 간의 합의입니다. 비전은 회사가 나아가고자 하는 방향이기 때문에, 일단 그 방향에 내가 동의하고 흥미가 있어야 그곳에서 일할 맛이 납니다. 저는 비전과 철학이 명확하고 이해되는 회사, 그들이 추구하는 바가 나의 가치관과 맞는 회사가 좋은 회사라고 생각해요. 그래야만 일의 의미와 재미를 발견할 수 있기 때문입니다.

예를 들면 토스는 '금융을 캐주얼하게 만들자'는 목표로 '소비자가 금융 서비스를 필요로 할 때 첫 번째로 찾는 서비스가 되겠다'는 비전을 갖고 있습니다. 복잡한 절차나 제약 사항, 어려운 용어를 쉽게 풀고, 간단한 일은 정말 간단하게 처리할 수 있는 금융 서비스를 만들어가고 있죠. 만약 제가 금융업에서 다시 일을 한다면, 저는 토스에 지원할 것 같아요. 그들의 목표와 비전에 공감하기 때문입니다.

앞서 비즈니스 모델의 예로 살펴본 위워크는 '단순히 생계를 꾸리는 것이 아닌 보다 가치 있는 삶을 영위하기 위한 일을 할 수 있는 세상을 만드는 것'이 비전입니다. 크리에이터를 위한 커뮤니티 공간을 구축하고, 전 세계 어딜 가든 위워크 이용자라면 그 공간에 자연스럽게 스며들게 하는 노력이 이 비전에서부터 출발하는 것이죠.

마지막으로 넷플릭스를 볼까요. '전 세계의 개개인에게 최적의 맞춤형 콘텐츠를 제공하는 것'이 그들의 비전이자 목표인데요. 실제 이용자의 시청 행태를 추적해 2000개의 섬세한 취향 집단으로 구분하고 콘텐츠를 맞춤 제작합니다. 그 결과 '기묘한 이야기' '하우스 오브 카드' 등 여러 히트 드라마가 나왔죠.

넷플릭스는 '전 시즌 동시 공개'를 통해 이용자가 자신만의 방식으로 콘텐츠를 소비할 수 있도록 했습니다. 이용자 스타일에 따라 한 번에 '정주행'할 수도 있고, 몇 날 몇 달에 걸쳐 차근차근 시청하는 것도 가능합니다.

이처럼 비전이 분명한 회사는 말로만 소리치지 않고 그 비전이 기업 문화와 상품, 서비스에 스며들게 하기 위해 많은 노력을 기울입니다. 비전은 한 번 정해지면 영원히 변치 않는 게 아니라 회사의 사이클이나 시장 상황, 고객 니즈에 따라 바뀌기도 합니다.

회사가 어떤 철학과 비전을 갖고 있는지, 나를 비롯한 다른 구성원들이 그것에 얼마나 공감하며 함께 일하는지에 따라 성과를 만들어 나갈 수도 있고, 이미 성장한 회사라도 한순간에 망해 버릴 수도 있습니다. 회사의 비전을 아는 것은 결국 '같은 방향을 바라보며 함께하는 일의 의미를 찾는 과정'이기 때문에 중요합니다.

문제는 명확한 비전과 사명을 우리에게 제시하는 회사가 생각보다 많지 않다는 점인 것 같습니다. 이 글을 회사의 리더들이 읽고 있다면 이 부분을 염두에 두길 바랍니다. 일을 잘하는 사람의 이탈을 방지하고 싶다면, 왜 이 일을 하는지에 대한 비전과 사명에 대해 공감대를 형성하고 일관성을 지켜 주세요.

정확한 직무를 파악하는 비법,
대화 리서치

이직을 원하는 회사에서 정말 어떤 일을 하는지, 기업 문화는 어떠한지 알기 위한 가장 좋은 방법은 사실 직접 '겪어보는 것'입니다. 클라이언트의 형태든, 파트너로 일하든 일을 함께 해 보면 가장 빠르게 파악할 수 있습니다. 이직의 많은 경우는 이렇게 일어나기도 합니다.

그런데 기업이나 부서의 특성상 이렇게 다른 회사와 Co-work가 불가능한 경우도 많죠. 그렇다면 해당 업계 사람이 많이 모이는 커뮤니티나 세미나에 참석해 보는 것이 좋습니다. 참석자가 각각 회사를 대표한다고 보기는 어렵지만, 대강의 성향을 파악하기에는 도움이 됩니다. 그러면서 확인해 보는 것이죠. 이 일을 하는 사람들은 나와 성향이 잘 맞는가, 어떤 취향을 갖고 어떤 생각을 하는가, 지금 이 업계의 중요한 이슈는 무엇인가 등을 관찰해 보면 그 경험치가 축적되면서 꽤 괜찮은 데이터가 됩니다. 이번 코칭 시간에서는 정확한 직무를 파악할 수 있는 비법 중 하나인 대화 리서치를 소개하려고 합니다.

'대화 리서치'를 잘하려면?

대화 리서치(Informational Interview)는 현실적으로 가장 효과적인 방법 중 하나입니다. 궁금한 분야나 회사가 있다면, '검색'만 하지 말고 나가서 사람을 만나고 구체적인 질문들을 던지며 '탐색'해 보세요. 관심 있는 분야에서 일하는 사람을 적어도 2명은 만나 이 대화 리서치를 실행해 보길 추천합니다.

페이스북, 링크드인, 잇다(소셜멘토링) 등 SNS를 포함한 온·오프라인 커뮤니티, 친구, 선배 등 우리는 이미 다양한 네트워크를 갖고 있고 만들거나 참여할 수 있습니다. 이메일을 보내든(물론 정중하게! 필요한 것만 쏙 빼먹으려 하면 답장 안 옵니다), 만나든 그 회사에서 일하고 있는 사람들에게 '좋은 질문'을 던져보세요. 회사의 분위기나 문화, 철학과 가치, 리더나 팀에 대해 비교적 자세히 알 수 있습니다.

저는 어느 날 '벤처캐피털에서 일해 보는 것은 어떨까?' 하고 생각한 적이 있었습니다. 시장 변화에 따라 빠르게 움직이는 기업을 폭넓게 볼 수 있는 직업 중 하나가 벤처캐피털이라는 생각이 들더라고요. 시장 현황, 업종 내 회사들의 특징과 일의 성격, 회사별 차이점, 더불어 현실적으로 제가 잘할 수 있는 일인지 등에 대해 알아봐야겠다는 생각이 들었는데, 이것을 가늠하는 가장 빠른 방법이 바로 대화 리서치였습니다.

벤처캐피털에서 일하고 있는 사람들에게 물어보는 것이죠. 요즘 어떤 분야에 투자하는지, 투자 트렌드는 어떤지, 기술 관련 배경 지식이나 경험이 없으면 그 일을 하기 힘든지, 24시간은 어떻게 흘러가는지, 핵심 역량은 무엇이라 생각하는지, 제가 그 일을 할 수 없다면 이유가 무엇이라 생각하는지 등을 아주 구체적으로 물어봤습니다. 직접 물어보는 것만큼 정확한 것은 없겠지요?

한 직장인에게 '대화 리서치'를 조언했더니 '상대방을 귀찮게 하지는 않을까' 하고 걱정하더군요. 이제부터 상대방에게 좋은 인상을 심어 주면서, 네트워킹하는 방법을 알려드릴게요. 만약 저에게 누군가 대화 리서치를 시도한다면, 저는 그 사람이 자기소개를 명확히 하고 일하고자 하는 분야에 대해 나름대로 알아보고 질문하기를 기대할 것 같아요. 그러면 최대한 성심성의껏 답변하게 됩니다. 인터넷을 조금만 뒤져보면 충분히 알 수 있는 내용인데 전혀 조사하지 않고 그냥 던지는 질문에 대해서는 잘 답변하지 않습니다.

질문의 범위가 너무 넓고 광범위한 경우도 답변하기 힘듭니다. 본인이 알고 싶은 것을 구체적으로 물어보세요. 기본적으로 비즈니스 관계에서 네트워킹은 '실력'이 있어야 유지되고, 주고받는 것(Give and Take)이 있어야 합니다. 상대에게 부담을 주거나 귀찮게 하고 있는 것 같다는 걱정이 든다면, 그들에게 도움이 될 수 있는 걸 준비해 가세요. 사용자 관점에서의 아이디어도 좋고, 서로 다른 가치를 교환할 수 있으니 그 과정이나 결과를 공유해 보세요.

사람 마음이 기본적으로 다 비슷비슷한 것 같아요. 최대한 상대방 관점에서 생각하고 배려하면서 조심스럽게 묻는다면 이를 칼같이 무시하거나 잘라내는 사람들, 생각보다 많지 않습니다. 너무 걱정하지 마세요. 반대로 예의를 갖추어 메일을 보냈는데 답이 없으면, 그 사람이 바쁜가 보죠. 마음 편히 생각하세요. 무엇을 물어보면 좋을까요. 좋은 회사를 감별하는 질문 일곱 가지를 꼽아봤습니다.

Q1. 당신은 회사에서 어떻게 하루를 보내나요?
구체적인 타임 스케줄이 궁금합니다.

Q2. 당신의 업무 성과는 어떤 방식으로 평가되나요?

Q3. 당신의 회사나 이 업계에서 일을 성공적으로 한다고
평가받는 사람은 어떤 핵심 역량을 갖추었다고
생각하나요?

Q4. 이 회사나 업계에서 일하기 위해 필요한
특정 지식이나 경험이 있다면?

Q5. 당신의 커리어 패스는 어떠했는지 이야기해 줄 수
있을까요?

Q6. 회사에서 혹은 당신의 일에서 가장 중요한 이슈는,
혹은 해결해야 하는 과제는 실제로 무엇인가요?

Q7. 현재 어떤 종류의 프로젝트를 진행하고 있나요?

외국계 회사는
다른 접근이 필요하다

그렇다면 외국계 회사는 어떻게 정보를 찾아야 할까요? 헤드헌터를 통해 알아봐야 할까요? 아니면 외국계에 특화되었다는 잡포털을 이용해야 할까요?

우선 채용 정보를 찾는 것부터 쉽지 않죠. 국내 기업들이 신입, 경력 공채를 하는 것에 비해 외국계는 수시 채용이라는 것이 가장 큰 차이점인데요.

저는 잡포털 사이트보다 회사의 글로벌 홈페이지를 정기적으로 체크해 보길 권합니다. 우리나라에 진출한 기업들은 브랜드 가치가 세계적으로 높은 경우가 많은 데 비해 그들에게 한국은 중요한 시장이 아닙니다. 작은 나라죠. 그러다 보니 잡포털 사이트에 모든 채용 정보를 주는 것이 아니에요. 신입이든 경력이든 본사 홈페이지를 활용하는 경우가 많습니다.

링크드인을 활용하거나, 채용 SNS를 직접 운영하거나, 회사 내부 리크루터를 두는 경우도 있으니 이런 부분을 눈여겨보세요(한국시장에 막 진출해 인지도가 거의 없는 기업은 헤드헌터를 활용하는 경우가 많습니다).

외국계 회사의 규모나 매출 현황 등은 외부 감사를 받는 기업의 경우 전자공시 시스템에서도 확인할 수 있고, 산업통상자원부의 외국인 투자 기업 현황을 참조해도 좋아요. 포브스나 포춘이 발표하는 글로벌 리딩 기업의 순위를 살펴보는 것도 도움이 됩니다.

외국계 회사의 편견 깨부수기

외국계를 고려할 때는 기업 문화가 나와 잘 맞는지 살펴보는 게 특히 중요합니다. 외국계의 수평적인 조직 문화나 워라밸이 미화된 경향이 있거든요. 그들의 기본은 '성과'입니다. 말 그대로 '빡세요'. 성과가 잘 나오면 괴롭히는 사람도 없고 눈치 보느라 억지로 엉덩이를 붙이고 앉아 있을 필요가 없지만, 그렇지 않으면 회사와 이별해야 합니다.

이런 성과주의 때문에 주니어 레벨일 때는 연봉이 국내 기업보다 낮은 경우가 많고, 경력직인 경우도 계약직 채용으로 이루어지는 경우가 많습니다. 아직 그 사람의 능력이 검증된 바 없기 때문입니다.

우리나라 회사는 기본적으로 '관계'를 중시하는 문화가 기저에 깔려 있어서, 잘못을 해도 칼같이 자르지 않습니다. 부서별 성과에 따른 인센티브를 지급할 때, 부서 간 편차가

극과 극으로 나뉘지 않게 어느 정도 맞추는 경향도 있죠. 이로 인한 위화감이 구성원 간 '관계'에 좋지 않다고 생각하기 때문입니다.

외국계는 다릅니다. 성과 목표를 달성하지 못한 부서는 인센티브가 없는 경우도 있어요. 따라서 조직 구성원들이 조금 더 개인적인 성향을 보이고 점점 더 성과 지향적으로 일할 수밖에 없습니다. 이런 부분이 나와 맞을지를 판단해야지, 외국계는 무조건 합리적이고 더 좋다고만 평가할 수는 없는 것 같습니다.

03

회사의 미래는
숫자에 있다

회사의 각종 지표를
읽는 법

앞서 회사의 비즈니스 모델과 가치관을 확인했다면, 이번에 체크해야 하는 항목은 '수익성과 성장성'입니다. 회사가 돈을 버는 것은 중요합니다. 수익을 내야 버틸 수 있고 직원 복지도 챙길 수 있고 사회 공헌도 할 수 있는 것이니까요. 오로지 돈만 벌겠다는 회사는 거부할 수 있지만, 돈을 못 버는 회사는 살아남을 수가 없습니다.

당신의 키워드가 '성장'이라면, 특히 이 부분은 중요합니다. 대기업이라 하더라도 성장하지 못하는 회사가 많아요. 이익을 못 내거나, 내더라도 점차 그 증가율이 둔화되고 있다면 정체가 시작된 것입니다.

겉으로 보기에 규모가 크고 우리가 알고 있는 회사라고 다 좋은 회사가 아닙니다. 반대로 스타트업이나 중견기업 중에서도 소리 소문 없이 돈도 잘 벌고 성장 속도를 높여가고 있는 곳들도 많습니다. 회사가 수익을 내는지, 성장하고 있는지 어떻게 알 수 있을까요? 아래 세 가지 질문에 답을 생각해보세요. 답은 '숫자'에 있습니다.

Q1. 회사의 비즈니스 모델에 성장성이 있는가?

Q2. 매출이 일어나고 있는가?

Q3. 어떤 분야에서 이익을 내고 있으며 그 흐름은 어떤가?

위의 질문에 대답을 바로 할 수 있었나요? 아마 그러지 못했을 거예요. 그 회사에 다니고 있는, 그중에서도 재무팀에서 일하거나 내부 사정을 잘 알고 있는 사람들이 아니라면 쉽게 답하기 어려운 질문들입니다.

그렇다면 외부에서 성장하고 있는 회사인지, 수익을 내는 회사인지 어떻게 알 수 있을까요? 답은 '숫자'에 있습니다. 지금부터 회사의 성장 지표를 읽을 수 있는 방법에 대해 설명해드릴게요.

사업보고서

회사 정보를 꼼꼼히 볼 때 가장 좋은 툴은, 전자공시 시스템(http://dart.fss.or.kr)의 회사별 사업보고서입니다. 사업보고서에서 '사업에 관한 내용' 항목을 살펴보면, 재무 정보를 포함해 이 회사의 현황과 이슈에 대해 잘 알 수 있어요. 내용을 '쭉쭉' 읽다 보면 임직원 수와 평균 연봉이 얼마인지 등에 이르는 세세한 정보까지 볼 수 있습니다.

재무제표 손익계산서의 매출과 영업이익, 당기순이익은 회사 성장 지표를 읽는 데 도움이 되는 자료이니 꼭 참조하세요.

비상장법인이라면 '감사보고서'를 참고하세요. 스타트업 등의 회사 매출액과 사업 내용을 볼 때 유용합니다.

IR 자료(투자자 정보)

매출, 영업이익, 당기순이익을 파악하기 위해 사업보고서나 손익계산서를 보라니 낯설고 멀게 느껴지나요? 이 숫자들에 대한 분석은 회사의 홈페이지에 게시된 IR 자료에서 빠르고 쉽게 볼 수 있습니다. IR은 Investor Relations의 약자로 투자자에게 회사가 현재 어떤 상태인지를 설명하는 자료입니다.

어떤 사업을 하고 있고, 수익은 주로 어디에서 나고 그 흐름은 어떠하며, 앞으로의 계획은 어떠한지 설명하는, 회사들이 아주 공을 들여 만드는 자료예요. 자본주의 사회에서 회사

삼성전자 IR자료 단위 : 조 원

	4Q '17	4Q '16	3Q '17	YoY	QoQ	FY '17	FY '16	YoY
총액	15.15	9.22	14.53	5.93	0.61	53.65	29.24	24.40
CE부문	0.51	0.43	0.44	0.08	0.07	1.65	2.71	△1.06
IM부문	2.42	2.50	3.29	△0.08	△0.87	11.83	10.81	1.02
DS부문	12.20	6.34	10.85	5.86	1.35	40.33	15.85	24.48
반도체	10.90	4.95	9.96	5.95	0.93	35.20	13.60	21.61
DP	1.41	1.34	0.97	0.08	0.44	5.40	2.23	3.17
Harman	0.06		△0.03		0.09	0.06		

CE : Consumer Electronics(프린팅사업 제외), IM : IT & Mobile communications,
DS : Device Solution, DP : Display Panel

2017년 4분기 실적 발표, 출처 : 삼성전자 투자자 정보

는 주주의 이익을 대변해야 하니 투자자(주주)에게 회사 상태를 잘 설명해야 그 상태를 유지하거나 투자를 더 받을 수 있으니까요. 이 자료는 보통 회사 공식 홈페이지에 게시되어 있습니다.

위의 표는 삼성전자 IR 자료 중 영업이익 부분을 발췌한 것인데요. 이 자료를 보면 삼성전자 영업이익의 70% 가까이가 반도체 부문에서 발생하고, 전년 대비 유의미한 성장을 이룬 부문 역시 반도체라는 것을 알 수 있습니다.

가전이나 모바일은 회사 내에서 차지하는 비중도 작고 그 성장 폭도 크지 않은, 한마디로 별 재미를 못 보고 있는 상황입니다. 이 데이터로 유추해 보자면, 삼성전자 반도체 부문에 다니는 분들보다 가전이나 휴대전화 부문에 있는 분들의 이직 욕구가 더 클 것 같아요.

애널리스트 리포트

해당 회사에 대한 애널리스트 리포트도 상황을 빠르게 분석할 때 참조하기 좋은 자료입니다. 주식 투자를 해 본 분들은 한 번쯤 보았을 수도 있는데요. 일단 애널리스트라는 직업 자체가 주식시장에 상장되어 있는 기업 및 산업을 분석하는 일을 합니다. 회사의 매출 및 이익 추이나 이슈를 분석하여 주가에 어떤 영향을 미칠지 설명하는 것이 이 사람들의 일입니다. 요즘에는 증권사 홈페이지나 검색 포털에서 다 볼 수 있어요.

그리고 산업별 베스트 애널리스트로 선정된 사람들의 리포트를 읽어봐도 좋습니다. 처음에는 익숙지 않아 조금 어렵게 느낄 수 있는데, 업계 용어와 재무제표에 대한 이해만 좀 이루어지면, 그렇게 먼 이야기로 들리지는 않을 것입니다.

단 이들의 분석이 100% 다 맞는 것은 아니니 참조만 하세요 (혹시 이렇게 자료를 보다 주식 투자를 하게 된다면 더더욱).

주가 차트

상장 회사라면 그 회사의 3년, 5년, 10년 치 주가 차트와 최근의 움직임을 분석해 보는 것도 도움이 됩니다. 주가는 회사의 기초 체력일 뿐 아니라 투자자들의 기대 심리와 수급 등 다양한 요소를 모두 반영하기 때문에, 재무적으로 탄탄한 회사도 특정한 상황이나 수급에 의해 주가 흐름이 좋지 않을 수 있습니다. 그러나 장기 구간으로 보면 회사의 흐름과 추세를 파악할 수 있으니 참조하세요. 앞서 말한 다양한 자료를 살펴보고 여러분만의 인사이트를 가져야 합니다.

매출과 이익이 상향 곡선이면, 좋은 회사일까

회사가 돈도 잘 벌고 이익도 잘 내면, 제일 좋은 사람은 오너와 투자자(주주)입니다. 조직 구성원 입장에서도 나쁠 것이 없긴 하죠. 당장 망할 위험은 없어 보이고 월급도 잘 나올 테니까요. 그런데 여기서 주의할 점은, 현재의 재무제표가 좋은 상태, '당장' 망할 위험은 없어 보이는 상태가 언제까지 가능할지 가늠해 보아야 한다는 것입니다.

매출과 이익이 잘 나오는 회사는 이미 조직 구조나 일이 잘 짜여 있기 때문에 개개인이 변화를 추구할 여지가 많지 않습니다. 또 일반적으로 현재 매출과 이익이 나오는 분야를 잘 유지하려 하기 때문에 새로움에 대한 적응이 늦는 경향이 있습니다. 코닥이나 노키아, 토이저러스가 파산한 사례를 보아도 알 수 있죠.

잘나가던 회사의 몰락

어린이에게 꿈과 희망을 팔아온 세계 최대 완구 유통업체 토이저러스는 2017년 9월 파산보호신청을 했습니다. '사람들이 아이를 낳고 기르는 한 토이저러스는 망하지 않을 것'이라는 말을 유행시켰던 회사인데 창립 60년 만에 망했습니다. 가장 큰 몰락 이유는 시장의 변화를 간과하고, 그동안 해 온 방식을 유지했기 때문입니다.

사람들은 토이저러스 오프라인 매장에서 장난감을 실컷 구경하고 체험해 본 후에 아마존(인터넷) 등에서 샀습니다. 뒤늦게 온라인 쇼핑 사이트 재건에 나섰지만, 이용이 불편하다는 소비자들의 불만은 끊이지 않았고, 회사 내 다른 문제들도 발생해 결국 파산했죠.

시대적 흐름에 따라 변하는 기업

컨설팅 전문회사 맥킨지는 1935년 기업의 평균 수명이 90년이었다면 1975년에는 30년, 2015년에는 15년으로 줄었다고 분석했습니다. 이는 기업들의 생존이 그만큼 어려워졌음을 의미하는데요. 생존의 필수 조건으로 가장 중요한 것이 바로 변화, 변신입니다.

우리나라 대기업 중 이 변화와 변신이 더뎌서 위험해 보이는 곳들이 많습니다. 재무제표에는 매출이 플러스(+)라도, 전체적인 흐름으로 볼 때 이익이 감소세이거나, 매출과 이익 모두 감소세를 보이고 있는 곳들이 많아요. 이런 회사에 다니고 있다면 안심하면 안 됩니다. 이와 반대로 지금 근무하고 있는 회사가 매출도 잘 나오고 이익도 나오면서 변화에 잘 적응하고 있거나 심지어 선도하고 있다면? 이직하지 말고 거기 계세요.

스타트업은 어떻게
좋은 회사인지 판단할까

2012년 4월, 페이스북은 10억 달러(약 1조 1200억 원)에 인스타그램을 인수했습니다. 당시 인스타그램은 직원 수 13명에 매출은 거의 없었어요. 앞에서 비즈니스 모델을 살펴본 위워크 역시 22조 원의 기업가치를 평가받고 있지만 매출보다 비용이 더 많이 발생하는, 즉 회사가 아직 돈(이익)은 못 버는 상황입니다.

쿠팡이나 위메프 같은 소셜 커머스, 배달의민족으로 알려진 우아한 형제들, 우버, 넷플릭스, 마켓컬리, 야놀자, 블랭크 등의 스타트업은 도입기, 성장 초기 국면의 회사들로 '이익'이 아직 발생하지 않거나 발생하더라도 크지 않은 국면인데요.

이 구간 회사들의 업계 동향을 알기 위해서는 국내외 뉴스를 보는 것이 도움이 됩니다. 앞에서 말한 애널리스트 리포트나 사업보고서, IR 자료는 상장 회사에 한정되는 자료들이고, 스타트업이나 벤처는 아직 상장하지 않았기 때문에 이런 자료가 없을 수 있거든요.

국내에는 플래텀, 벤처스퀘어, 아웃스탠딩 등 스타트업 전문 미디어가 있고, 해외의 경우 가장 대표적으로는 테크크런치(TechCrunch)가 있습니다. 스타트업이나 벤처 쪽의 커리어를 생각한다면, 이런 미디어를 정기적으로 살펴보세요. 투자 현황이나 업계 동향을 포함한 각종 정보를 세세하게 얻을 수 있습니다.

비즈니스 모델의 성장성과 그 속도를 분석해 보는 것도 필요합니다. 예를 들어 위워크에서 일하고 싶다면 위워크가 속한 시장, 공유경제, 공유 오피스 시장의 성장성을 가늠해 보고, 부동산 서비스업의 트렌드가 어떤지 분석해 보면 좋습니다.

큰 빌딩을 잘게 쪼개 파는 비즈니스 모델을 갖고 있으니 이미 사옥을 갖고 있는 큰 회사보다는 스타트업 및 소규모 에이전시, 프리랜서 및 파트타임 근무자, 1~100명 규모의 회사들에 적합할 것입니다. 그럼 그런 기업들이 많아져야 이 비즈니스 모델이 유효한 것이겠죠?

기업이 미래에 어떤 변화를 겪게 될지, 이와 관련한 사회 현상은 어떠한지 분석해 보며 더 깊은 수준까지 생각해 보는 것입니다. 앞으로 롱테일의 법칙에 기반한 기업과 프리랜서가 점점 많아지는 패턴으로 변한다면, 시장의 성장성은 충분히 크다고 볼 수 있다는 식으로요.

스타트업, 도입기 회사로서 갖는 특징

2장에서 제품 라이프 사이클을 설명하며 말씀드렸는데요. 저는 개인의 커리어에서 가장 좋은 국면은 도입기나 성장 초기 국면의 회사로, 회사가 성장하며 개인도 성장할 수 있는 상황이라고 생각합니다. 이 시기에는 '변화'가 엄청 나죠. 계속 새로운 것을 시도하고 시장에 내놓고, 고객의 피드백이 어떠한지를 끊임없이 확인해야 합니다. 그리고 피드백을 빠르게 제품·서비스 개발에 반영해야 살아남을 수 있습니다.

이 구간은 조직 구성원에게 주도성과 능동성을 요구합니다. 일이 주어지는 것이 아니라, 해 본 적이 없는 일을 주도적으로 만들어 내고 능동적으로 해야만 합니다. 이 과정을 통해 각 조직 구성원은 해 볼 수 있는 일의 범위가 넓어지게 됩니다. 그동안 해 보지 않았던 방식으로 일하고, 일하는 속도도 빠르고요. 이런 사이클을 한번 겪어보면, 어디 가서 무슨 일을 해도 할 수 있는 힘이 길러질 것이라 생각합니다.

그렇지만 누군가에게는 굉장히 피곤하고 불안할 수 있습니다. '시스템'이란 것이 없으니 일을 체계적으로 배우거나 가르치며 하지 못하고, 직접 깨지고 부딪히며 시행착오를 겪으며 나아가야 합니다. 그리고 바쁘고 힘든 것은 당연하고요.

도입기의 회사일수록 인원이 적으니 일을 나누는 것이 불가능하고, 하나부터 열까지 해야 하는 경우가 많고요. 이 시기를 지나 성장기로 갈 때는 일 자체가 빠르게 변화하며 성장통을 겪기도 합니다. 회사가 커질 때 그 혼돈과 불확실성에 빨리 적응해야 하는데 이 과정은 불안과 불편함, 피로를 수반할 수밖에 없겠죠.

도입기의 회사가 좋은 회사인지는 개인의 성향에 따라 다를 수 있습니다. 변화를 좋아하며, 좋아하는 일이 비교적 확실하고, 내가 한 일의 결과가 시장에서 어떻게 받아들여지는지 알아보기엔 좋은 회사지만, 안정성이나 연봉, 워라밸 면에서는 일반적으로 그렇지 못하니까요. '회사를 고를 때 무엇이 가장 중요한가(본문 p.52)' 로 다시 돌아가 나는 일할 때 무엇이 중요한 사람인지, 어디에 맞을지 한번 생각하시길 추천드립니다.

매출과 이익이 하향 곡선이면,
피해야 할 회사일까

매출과 이익이 하향 곡선을 보이는 회사에 관심이 있다고요? 저라면 말립니다. 주니어 레벨인 경우는 별로 추천하지 않고요. 시니어 레벨인 경우는 권한과 책임을 갖고 변화를 시도해 볼 수 있고, 할 수 있는 일의 영역이 더 넓기 때문에 이 경우는 본인의 성향에 따라 도전해 볼 수 있습니다. 그렇지만 솔직히 난도가 높은 사이클이죠.

단, 회사의 사이클이 다운턴(Downturn, 하강국면)이라 하더라도 업턴(Upturn, 상승국면)으로 변화 가능한지 아닌지 분석해 보는 것은 필요합니다. 영원불멸은 없고, 올라갈 때가 있으면 내려올 때도 있는 법이니까요. 내려갔다 올라올 여지가 있는지, 내려갔다가 영원히 사라질지 판단해 봐야 합니다.

숫자로 읽을 수 있는 회사의 동향

사이클이 다운턴을 보였다가 업턴으로 돌아선 회사의 대표적인 예로 LG전자를 살펴볼까요? LG전자의 주가를 보면(모두 하락하던 2008년 리먼 브러더스 사태 때를 제외하더라도) 2009년 말부터 2016년 말까지 계속 하락세를 보입니다. LG전자의 주요 사업이던 백색 가전과 휴대전화가 고전을 면치 못했기 때문입니다.

LG전자 주가 추이 단위 : 원

최고 164,181

최저 39,300

2010년 1월   2012년 1월   2014년 1월   2016년 1월   2017년 1월

이 시기에 LG전자를 다녔던 분들은 힘들었을 겁니다. 회사가 이익을 내고 있는 상황이 아니니 비용 통제를 할 수밖에 없고, 아이러니하게도 리스크를 감수하기보다는 투자 대비 수익률을 따졌을 가능성이 큽니다. 의사 결정도 쌍방향 소통보다는 상의하달식으로 이루어지거나 마이크로 매니지먼트를 하게 될 것이고요. 회사가 좋지 않은 상황이면 좋아질 수 있는 다양한 시도를 해야 하는데, 이럴 때일수록 막상 실천은 어려우니까요.

그런데 LG전자의 주가는 2016년 말부터 현재까지 다시 상승세를 그리고 있습니다. 핵심 사업인 가전 부문에서 프리미엄 가전과 틈새시장(스타일러, 건조기 등)을 공략하며 부활하기 시작했고, 아직 비중은 크지 않지만 전기차 구동에 핵심 부품을 공급하게 되면서, 외형 확대가 다시 시작되었기 때문인데요.

경기가 회복된 선진국에서 LG전자의 프리미엄 가전이 경쟁사에 비해 훨씬 비싼데도 잘 팔리고, 건조기 판매량은 초기 판매량보다 10배 이상 늘어나고 있습니다. 시장의 변화에 적응하며 다시 성장할 수 있는 회사로 평가받고 있어요. 현재의 사이클로는 LG전자로의 이직, 나쁘지는 않다고 보입니다.

여러분이 다니는 회사는 어떤가요? 혹은 이직을 고민하고 있는 회사는 어떤 것 같나요? 그 회사가 속한 시장 관련 트렌드와 이슈를 파악하고, 영업이익 등 '숫자'의 변화를 보며 현실적으로 판단해 보세요.

04

경력자에게
꼭 필요한
이력서·면접 스킬

이력서를 쓰기 전 명심할 세 가지

마음속에 '좋은 회사'를 정했다면, 이제는 본격적으로 이직 준비를 해 볼 때입니다. 이직 준비의 시작은 이력서죠. 이력서는 상대방이 여러분에게 갖는 '첫인상'이에요. '나에 대한 30초 광고'라고 생각하면 좋습니다.

저는 꼭 당장 회사를 옮기지 않더라도, 6개월에 한 번씩은 이력서 업데이트하기를 권합니다. 내 커리어가 지금 어디까지 와 있나, 내 경력이라면 어떤 회사에 어필할 수 있을까, 부족한 커리어는 어떤 것인가. 이력서를 쓰다 보면 생각을 정리하는 데 많은 도움이 됩니다.

'6개월'이라는 단서를 단 것은 시간이 오래 지나면, 일의 과정과 결과를 잊어버리기 때문입니다. 보통 반기마다 회사에서 성과 평가를 하죠? 그때 이력서도 같이 업데이트해 둔다고 생각하면 좋을 것 같습니다.

나열 말고, 선별하자

상대방이 여러분의 이력서를 보는 데 걸리는 시간이 얼마나 될까요? 길면 '45초'쯤 됩니다. 이력서를 읽는다기보다 스캔하는데요. 회사는 여러분의 이력서를 볼 때 경력·경험이 지원하는 직무와 연관이 있는지, 이력서에 기록된 책무가 회사가 찾는 책무와 '일치'하는지 등을 봅니다.

모든 이력서를 보는 게 아니라 채용하려는 직책에 필요한 경험이 있는지 '검색' 기능으로 이력서를 걸러내고, JAVA Script, Mule, MBA, POS, Business intelligence 등 직무와 관련된 갖가지 키워드를 사용해 검색합니다. 요즘은 기계가 보기도 하죠. 이런 현실에서 우리가 해야 할 일은, 했던 일을 단순히 나열하는 것이 아니라 각자 가진 '강점'을 잘 골라내고, 상대방이 중요하게 볼 부분을 돋보이게 하는 것입니다.

저는 증권사, 대학(대학원), 공공기관, 일반 기업 등 일할 곳에 따라 다른 구성과 내용으로 이력서를 정리해 놓았는데요. 그전에 각 대상이 어떤 역량을 중요하게 보는지, 무엇을 필요로 하는지 파악하는 과정을 거칩니다. 그리고 그들이 중요하게 생각하는 역량 순서에 따라 이력서를 작성합니다.

글로벌 투자은행으로 이직할 때는 예전 직장에서의 마케팅과 세일즈 성과, 이를테면 일반·기관 대상 세미나와 온·오프라인 미디어 인터뷰는 얼마나 많이 했는지(숫자 표기), 금융상품 책을 쓰고 관련 방송을 한 경험의 비용 대비 효과와 시장점유율 등을 기술하고, 금융감독원이나 거래소 등과 함께 일해 본 경험을 특히 강조해서 기술했습니다.

이직하려는 회사가 새로 론칭하는 비즈니스를 어떻게 일반·기관 투자자에게 효과적으로 잘 알릴 것인지, 금융감독 기관과 얼마나 긴밀하게 일할 것인지를 핵심적으로 고려하고 있었기 때문입니다.

일반 기업에는 제가 함께 일해 본 회사는 어디인지, 그들과 무슨 일을 어떻게 했는지, 무슨 역할을 맡았는지를 쓰고, 대학(원)에 제출할 때에는 제가 어느 학교에서 어떤 내용의 프로그램을 운영하고, 얼마나 많은(숫자 표기) 학생들을 1:1로 만나보았는지가 먼저 보이도록 강조해서 씁니다.

이처럼 상대방의 관점에서 그들이 중요하게 생각하는 것이 무엇인지를 파악해 그것을 이력서에 담아 주세요. 각 회사들은 서로 다른 니즈를 갖고 있고, 그에 따라 구직자들에게 다른 기술과 경험을 요구합니다. 지원하는 회사가 달라지면, 이력서에서 여러분이 강조해야 할 강점도 당연히 달라져야 합니다.

포트폴리오도 마찬가지입니다. 그동안 한 일을 단순히 늘어놓는 것이 아니라, 자신이 어떤 자산이 될 수 있는지 설득하는 것에 초점을 맞춰야 합니다.

네이버의 서비스 기획 직무에 지원한 Y는 이 서비스를 이용하고 있는 30명에게 설문조사를 했습니다. 타사 사이트 대비 이 사이트의 활용도가 높다면 왜 그런지, 반대의 경우는 또 왜 그런지, 어떤 점들이 개선됐으면 좋겠는지 등 구체적인 질문을 던지며 심도 있는 소비자 인터뷰를 수행했습니다. Y는 조사 결과와 자신의 생각을 바탕으로 메인 화면 개선안을 담은 포트폴리오를 제출했습니다.

디자이너였던 W는 회사의 사용자 경험 개선 방안에 대한 매우 상세한 아이디어 제안과 프로젝트를 총 50개의 슬라이드로 만들어 인터뷰 자리에서 포트폴리오로 제출했습니다. 상대방의 관점을 이해하기 위해 노력하고, 자신의 강점과 아이디어를 표현한 포트폴리오가 좋은 점수를 받았음은 당연합니다.

Fact 말고 Value가 중요하다

회사에서 궁금해 하는 것은 여러분이 '왜' 이 회사에 지원하는지, 기존의 업무 성과들을 '어떻게' 달성했는지입니다. 제가 이력서 코칭을 할 때 많은 분의 이력서에서 가장 아쉬운 부분이, 회사에서 어떤 프로젝트들을 해 보았는지 '제목'

만 나열하거나 '무엇을' 했다는 Fact만 서술하는 경우입니다. 여러분의 가치를 충분히 설명해 주지 못하는 서류인데요. '그래서 뭐 어쨌다는 건지' '구체적으로 뭘 했다는 건지' 상대방이 직관적으로 알 수 있도록 해 주세요.

이 정도 일을 해 본 사람이라면 우리 회사에서 잘할 수 있겠다고 생각할 수 있는 Value를 줘야 합니다. 큰 회사를 다니거나, 큰 프로젝트를 한 사람일수록 '무엇을' 했다는 내용을 많이 쓸 수 있죠. 그런데 이력서를 보는 상대방 입장에서 중요한 것은 이 사람이 '이 일을 어떤 목적으로, 어떻게 했고, 결과는 어땠으며, 그런 일을 해 보았으니 우리 회사에서는 어떻게 할 수 있을지'입니다.

예를 들어 볼까요. 대표적으로 마케터의 이력서에 꼭 등장하는 '온라인 마케팅 채널 운영', R&D 연구원들이나 제조 쪽에서 일하신 분들의 이력서에 등장하는 '특허 OO건' 혹은 'OO 개발', 기획자들의 이력서에 등장하는 'OO 기획' 등의 Fact 자체는 별 의미가 없습니다.

온라인 마케팅을 했다면, 이력서에 중요 항목으로 써야 하는 내용은 아래와 같습니다.

- 누구를 타깃으로 했는가(연령, 성별, 라이프스타일 등 자세히 명시해주면 좋습니다. 그 타깃의 특성을 '알고 있다'는 뜻이 되니까요)
- 어떤 마케팅 채널(페이스북, 인스타그램, 유튜브 등)을 운영했는가
- 어떤 종류의 콘텐츠를 활용했는가
- 어떤 주기로 마케팅을 했는가(일별, 주별, 월별)
- 결과는 어땠는가(서비스 이용자 수 변화, 프로젝트 기여도, 팀 기여도)

R&D 연구원이나 제조업 종사자의 경우는 '특허 ○○건' 과 함께 아래 내용을 서술해야 합니다.

- 어떤 분야에 대한, 무슨 특허였는지
- 특허가 상품 개발이나 연구에 어떤 영향을 끼쳤는지

개발자의 경우라면 아래 내용을 서술해야 합니다.

- 사용할 줄 아는 프로그래밍 언어(Python, JAVA, C++, C#, AWS 등 클라우드, HTML, CSS, JavaScript, Vue.js 등)들은

무엇이고, 어느 정도 수준인지
- 실제로 어떤 프로젝트에 참여해 무엇을 개발해 보았는지
- 얼마나 많은 사용자에게 영향을 미치는 프로젝트였는지
- 자신은 어느 정도 역할을 했는지

콘텐츠 제작자라면 아래 내용을 서술해야 합니다.

- 다룰 수 있는 프로그램의 종류(Adobe Photoshop, Premiere Pro, Affter Effect)가 무엇이며, 사용 수준은 어느 정도인지
- 콘텐츠의 타깃은 누구인지
- 콘텐츠 노출에 따른 도달 정도(숫자 표기)가 어땠는지
- 어떤 내용의 콘텐츠였는지

기획자도 마찬가지로 아래 내용을 함께 서술해야 합니다.

- 누구를 대상으로, 어떤 종류의 사업을 기획했는지
- 어느 정도의 예산으로, 어떤 결과를 목표로 했는지
- 독립적으로 프로젝트 매니징(PM)을 해 보았는지

- 어떤 사람들과 협업했는지
- 결과는 어떠했는지

직급이나 연차가 높은 관리자급이라면, 회사는 직무 역량 외의 리더십, 비즈니스 역량 등을 요구하게 되는데요. 기존 비즈니스에서의 성과, 신규 사업 발굴 경험과 더불어 얼마나 많은 팀원들을 잘 관리하고 채용했는지 등도 써 주면 좋습니다. 회사는 당신이 진짜 무엇을 할 줄 알고, 그 일을 어떻게 했으며 왜 했는지 궁금해 한다는 점을 기억하세요.

이력서 1개로 돌려막기는 금지

명심해야 할 점은 '이력서 1개로 돌려막기' 하지 않아야 한다는 거예요. 우리가 스팸메일을 읽지 않고 삭제하듯 회사도 마찬가지입니다. 이력서 보면 알아요. 이 사람이 이 회사에 정말 오고 싶어서 쓴 것인지, 여기저기 뿌리는 이력서인지요.

인사 담당자를 사로잡는
이력서의 A to E

정확하게 작성하기(Accurately)

자신이 한 일을 부풀리지 마세요. 거짓말은 다 들통나게 되어 있습니다. 몇 명만 거치면 다 아는 사이라 할 정도로 연결된 세상에서 살고 있잖아요. 경력직은 대부분 평판 조회를 하며, 진짜 그런 일을 했는지, 함께 일할 때 좋은 사람인지를 점검합니다. 이때 거짓말이 드러나는 경우가 많은데, 당연히 서류 탈락입니다.

여차여차해서 들어간다 해도 결국 실력은 드러나기 마련입니다. 해 보지 않은 일을 했다고 부풀렸다가 이직한 회사에서 3개월 만에 그만둔 분도 봤어요.

H는 이직을 위해 다른 사람의 성과를 자기가 했다고 말한 경우였습니다. 온라인 홈페이지도 만들어봤고 세미나도 실제로 많이 진행했고 관련 콘텐츠도 만들어 보았다고 했는데, 자신이 실제로 해 본 적은 없었고 H가 속한 팀의 다른 사람이 한 일이었어요. 옆에서 본 경험을 마치 자기가 한 것처럼 꾸며 이력서를 작성한 것이죠.

H는 이직하면 자신은 관리자 역할만 할 거라 생각했는데, 그 회사는 H가 실무까지 직접 하기를 원했습니다. 관련 업무 경험이 없던 H가 할 수 있을 리 만무했죠. 이 소문은 그

가 일하던 업계에 퍼졌고, H는 결국 회사를 나와야만 했습니다. 거짓말하지 마세요.

간결하게 작성하기(Briefly)

상대방 입장에서 그들이 우리의 이력서를 언제, 얼마의 시간을 들여서 볼지 상상해 봅시다. 외국계의 경우는 이력서도 보통 LOB(Line of Business)에서 확인하고, 국내 기업의 경우도 인사팀에서 확인하는데요. 공통점은 모두 '바쁘다'입니다. 자신의 원래 일을 하면서 여러분의 이력서는 잠시 짬을 내어 보겠죠. 그러한 이유로도 짧고 간결하게, 1~2장 분량으로 쓰세요(저는 1장을 더 추천합니다).

영화 예고편을 생각해 보면 좋을 것 같습니다. 15~30초의 예고편에 중요 줄거리를 담아내며 배우와 감독 등을 빠르게 보여 주잖아요. 여러분의 이력서는 바로 그런 역할을 해야 합니다. 이력서를 보고 여러분이 궁금해지고, 만나고 싶게 만들어야 합니다.

회사는 세월을 거슬러 10년 전에 당신이 무엇을 했는지 별로 궁금해 하지 않습니다. 예전 고등학교 혹은 대학 때 인턴이나 아르바이트 경험 등은 꼭 강조해야 하는 것이 아니라면, 또는 3년 차 이상 경력직이라면 쓰지 않아도 좋습니다. 마찬가지 이유로 대학 때 수강 과목을 줄줄 나열하지 마세요. 회사에서 참여한 모든 프로젝트 경험을 전부 쓸 필요도 전혀 없습니다. 지원하는 회사에서 관심 있을 중요한 프로젝트 내용만 쓰세요. 문장도 역시 짧고 간결하게 써야 합니다. 한 줄에 하나의 포인트, 가능하면 두 줄이 넘어가지 않게 쓰세요. '그리고' '그러나' 등의 접속사 또한 사용하지 않는 것이 좋습니다.

역량과 강점 연결하기(Connecting the Dots)

앞에서 제가 Fact보다 Value, '어떻게'가 중요하다는 이야기를 했는데요. 여러분의 강점이 지원하는 회사에서 중요하게 보는 역량과 이어지도록 강조해야 합니다. 해당 기업의 직무기술서(JD·Job Description)를 필수로 확인하세요. 헤드헌터나 지인 추천으로 진행하는 경우에도 어떤 역량을 중요시하는지 파악해야 합니다. 해당 기업의 JD가 구체적이지 않다면, 그 기업이 속한 산업 내 다른 회사의 JD를 보는 것도 방법입니다.

생각보다 JD는 굉장히 중요합니다. 회사는 여기에 필요로 하는 역량과 기술을 적어 놓는데, 여러분의 이력서에 그 내용이 들어가야 하거든요. 회사는 직책에 필요한 역량이 있는지 '키워드' 중심으로 봅니다. 꼭 기억하세요.

직무에 필요한 기질 역시 표현할 수 있습니다. 외국계 화장품 회사에서 일하는 K는 포토샵과 일러스트레이터를 활용해 이력서 디자인부터 다른 사람과 차별화시키며 역량을 도식화해 시각적으로 담아냈습니다. 뉴미디어 콘텐츠를 만드는 N은 콘텐츠 기획자다운 일목요연한 이력서로 한눈에 시선을 사로잡았습니다. 개발자 T는 이직하려는 회사에서 중요하게 보는 인재상 중 하나인 리더십을 발휘한 경험을 중점적으로 기재했고요. 여러분이 해 온 일과 강점들을 지원하는 회사에 '커넥트'해 보세요.

구체적으로 작성하기(Detail)

앞서 말한 '간결함'과 반대되는 말이 아닙니다. 당신의 성과를 구체적으로, 가능하면 '숫자'를 활용해 보여 주세요. 무슨 회사, 어떤 팀에서 무슨 직함을 달았는지가 중요한 것이 아니라, 어떤 프로젝트를 했고 어떻게 성과를 거뒀는지, 상대방의 관점에서 보여 주어야 합니다.

직접적으로 매출을 내는 일이 아니라면 어느 정도의 성과를 올리는 데 기여했는지 표기하는 것도 방법입니다. 상대방이 당신의 이력서를 보았을 때, 이 사람이 무슨 경험을 했다는 것인지, 그래서 성과는 어땠는지 '숫자'로 직관적으로 이해할 수 있게 해 주세요. 회사에서 했던 프로젝트의 이름만 쓰여 있거나, 추상적인 단어로만 쓰여 있으면 무엇을 했다는 것인지 이해할 수 없습니다. '바쁜' 상대방은 이해할 수 없는 서류는 보지 않습니다.

쉽게 읽히도록 작성하기(Easy)

보기 편하게 작성해 주세요. 구성이나 맞춤법은 기본입니다. 오타가 있다면 바로 탈락이에요. 글씨체나 폰트도 일관성 있게 유지하고 이력서를 다 작성한 뒤엔 본인이 한 번 소리 내서 읽어보며 검토해 보세요.

이력서는 실제 사례를 많이 볼수록, 그리고 많이 써 볼수록 좋아집니다.

성공하는 이직의
핵심 연결 고리

그동안은 경력직을 채용할 때 스펙을 많이 봤습니다. 이를테면 좋은 학교를 나오고 대기업이나 규모가 큰 외국계에서 일해 본 사람의 이직이 상대적으로 쉬웠죠. '이 정도 회사를 다녔으면 어느 정도는 하겠지'라는 기대도 있었고요.

그런데 지금 대부분의 회사는 통신, 자동차, IT, 금융, 유통 등 전 영역에서 전에 없던 혁신이 일어나면서 그동안 해본 적 없는 일을 해 나가야 하는 상황입니다.

이런 상황에서 회사는 진짜 일을 실전에서 해 봤고, 어떤 일이 닥쳐도 해 낼 수 있는 주도적이고 열린 마음을 가진 인재를 원합니다. 경력자 인터뷰에서 직무와 관련된 '사전 과제'를 주는 회사도 점차 많아지고 있습니다. 진짜 실력을 확인하려는 의도죠. 얼마나 이 일에 대해 고민하는 사람인지도 알 수 있고요.

저를 찾아온 삼성SDS를 9년 다닌 P는 이 부분이 아쉬운 지원자였습니다. 증권사의 IT 시스템을 담당한 까닭에 업무 경험과 강점을 연결해 핀테크 회사 등 이직할 수 있는 기회가 있었는데, 문제는 본인이 새로운 기술을 배우고 싶지 않아 했어요. 새로운 기술을 배우는 것이 너무 피곤하다며, 삼성 출신인데 어디라도 갈 수 있지 않을까 생각하고 있었습니다.

대기업 출신 경력자들이 이직할 때 갖는 한계가 바로 이 부분이에요. 명함에 적힌 회사 간판의 후광 효과만 믿는 분들이 많죠. 간판이 중요한 게 아니라 진짜 무슨 일을 해 보았는지, 그래서 어떤 일을 할 수 있는지가 변화하는 환경에서는 훨씬 더 중요합니다. 회사는 시켜 주면 잘할 수 있는 사람은 원하지 않습니다. 와서 바로 잘할 사람을 뽑고 싶어 하죠. 냉정하게 들릴지 모르겠지만 현실이 그래요.

알고리즘과 자동화 기술이 빠르게 인간의 일자리를 대체하고 있는 고용시장에서 20대에 획득한 대학이나 대학원 학위로 평생 일자리와 경쟁력을 유지한다는 것은 사실상 불가능해졌어요. 회사 간판이 그 사람의 실력을 말하는 시대도 아닙니다. 어떤 새로운 시장이 열리는지, 어떤 기술이 필요한지 관심을 갖고 배우며 진짜 일의 경험을 쌓아 나가고 그것을 잘 보여 주어야만 합니다.

지원하는 회사가 나와 잘 맞는가

여러분과 지원하려는 회사가 '맞는지'가 인터뷰 당락에 굉장히 큰 영향을 미치는 요소라는 것을 꼭 말씀드리고 싶어요. 회사 입장에서 인터뷰할 때 가장 중요하게 보는 두 가지는 '직무 역량'과 '조직 적합도(Fit)'입니다.

경력직에게 '실력과 역량'은 기본이지만, 이것이 전부는 아닙니다. 인터뷰에서 탈락하는 이유가 '맞지 않아서'인 경우도 많습니다. 개인 입장에서도 자신과 맞지 않는 회사에 들어가면 스트레스만 쌓이죠? 하고 싶은 일, 잘하는 일, 회사의 교차점에 집중해 보세요. 이 회사의 지향점과 조직 문화 등에 본인이 얼마나 맞을지 생각해 봐야 합니다.

미국 실리콘밸리의 주요 회사는 많게는 7단계의 인터뷰를 거치는데, 회사와 맞는 사람을 뽑아야 성과도 잘 낼 수 있다는 것을 기저에 깔고 있기 때문입니다. 마이크로소프트는 'Near Fit'이 아닌 'Exact Fit'을 추구하며, 그게 아니면 차라리 공석으로 두는 것이 낫다고 밝힌 바 있습니다. 넷플릭스 역시 자신들의 기준에 적합한 최고의 사람이 아니면 채용하지 않고, 자포스는 채용 SNS를 구축해 지원자들과 장기간 소통하며 채용 여부를 결정합니다.

실례로 한국에 진출한 미국의 공유경제 기업 인터뷰를 보고 온 S는 최종 결정까지 총 다섯 차례 인터뷰를 진행했는데, 1차 전화 인터뷰에서 20분 내내 회사 이야기를 나눴고, 2차 대면 인터뷰에서는 1시간 중 40분 동안 회사에 대해 무엇을 알고 있는지, 어떤 일을 한다고 생각하는지, 어떤 가치와 철학을 가졌다고 생각하며 지원자와는 어떻게 연결되는지, 이 조직에 맞는 사람인지를 확인하는 질문을 끊임없이 받았다고 이야기해 줬습니다.

회사들은 이렇게 '맞는' 사람을 찾으려 노력하는데, 반대로 지원자들은 자신과 전혀 맞지 않는 회사로 이직하려는 경우를 수도 없이 많이 봅니다.

F는 은행을 2년여 짧게 다니다 그만두었습니다. 남들이 다 아는 회사를 가는 것보다 좀 더 주도적으로 일을 하며 자신의 아이디어를 펼쳐 보일 회사를 꿈꾸며 스타트업에서 일하고 싶어 했습니다. 문제는 지원하려는 스타트업 O회사와 F가 맞지 않는 것이었습니다. F는 성취동기가 매우 강하고, 어느 정도 규모가 갖춰진 곳에서 빨리빨리 성장하고 싶어 했는데 O회사는 당장의 숫자를 만들어내기 위해 달리기보다는, 교육에 대한 사람들의 인식 변화를 위해 노력하는 기업이었어요. 보다 근본적으로 F는 스타트업에 맞지 않았습니다.

주도적으로 일하며 일당백을 해야 하는 스타트업보다 체계적인 시스템을 갖춘 곳에서 짜여진 일을 잘하는 스타일이었고, 당연히 결과는 좋을 수가 없었습니다.

저는 F에게 자신과 맞는 회사를 다시 찾아보기를 조언했습니다. F는 외국에서 자란 까닭에 일어와 영어도 능통했고 스포츠를 매우 좋아했는데, 어느 정도 시스템을 갖추고 외국어 사용 능력도 강점으로 작용할 수 있는 스포츠 혹은 아웃도어 브랜드 회사 등이 더 적합해 보였습니다. 스타트업을 포기할 수 없다면 굉장히 성과 지향적인 리더가 있는 회사로 가는 것도 방법이었죠. 오히려 그런 회사에서 F가 더 잘할 수 있고 인정도 받을 수 있을 것이기 때문입니다.

꼭 이직하고 싶은 회사가 있다면 상대방에게 나를 맞추는 노력도 필요합니다. 대기업 계열 중공업 인사팀에서 일하던 10년 차 Y의 사례를 말씀드릴게요. Y는 모바일이나 IT 분야로 이직하고자 했지만, 면접에서 매번 직무 역량과 상관없는, 무거운 산업 내 군대 문화에 익숙할 것 같은 사람이 수평적이고 부드러운 조직 문화에 잘 적응할 수 있겠느냐는 내용으로 공격을 받으며 면접에서 20번 넘게 탈락했습니다.

Y는 이직을 위해 입사하고자 하는 회사의 사람들을 관찰하고, 그들의 헤어스타일과 옷차림까지 참조해 자신의 스타일에 변화를 주었습니다. 예전 회사에서의 딱딱함, 고루함을 가능한 한 남기지 않으려 노력한 것이죠. 지원하는 회사에 맞추어 매우 세세한 부분까지 신경 쓴 Y는 결국 원하는 직장으로의 이직에 성공했습니다.

상대방의 모든 것을
'취재'할 것

한 기업의 IR(Investor Relations) 임원 포지션으로 인터뷰를 본 적이 있는데, 제가 직접 그 일을 해 본 적은 없었어요. 일단 저는 IR이 무슨 일을 하는지, 왜 필요한지, 어떤 핵심 역량을 일반적으로 요구하는지 파악했습니다.

이를 위해 비교적 접근이 쉬운 다른 글로벌 기업 홈페이지를 참조했습니다. 글로벌 회사인 경우, 한국 홈페이지도 있지만 그보다는 미국 등 회사의 본사가 위치한 지역 웹사이트를 보는 것이 더 도움이 됩니다. 경력 및 JD 조건이 더 상세히 나와 있거든요. 이 부분을 참고하고, 대화 리서치를 통해 물어봤어요.

딱 '그 회사'가 아니더라도 비슷한 업계에서 기업 문화나 조직 관리가 체계적인 회사들의 채용 섹션과 직무별 JD를 참조하세요. 글로벌 회사들의 JD는 '필요로 하는 역량'과 '능력(Skill set)'을 상세하게 기술하는 편입니다. 보통 우리나라 회사들도 그것을 따라가는 경우가 일반적이니 도움이 많이 됩니다.

저는 구글, 카카오, J. P. 모건, 토스, 위워크 등 기업들의 홈페이지 중 채용 부분을 참조합니다. 어떤 포지션을 채용하며 각기 요구되는 역량은 무엇인지 잘 알 수 있거든요. 그다음 제가 한 일은 해당 기업의 최근 뉴스와 애널리스트 리포트를 빠르게 읽고 저에게 어떤 것을 기대할지, 어떤 상황일지, 무슨 이슈가 있는지 가늠해 보았습니다.

실제 인터뷰는 어땠을까요? 회사의 상황에 대해 제가 잘 알고 있는지, 제 생각은 어떤지, 무슨 일을 하게 될 것이라 생각하는지, 맡게 될 일에 대해 다른 생각을 가진 사람을 어떻게 설득할지, 발생 가능한 문제와 대응 방식은 무엇인지 등을 중점적으로 물었습니다. 면접을 보게 될 회사가 상장 회사가 아닌 스타트업이나 중소·중견 기업이라 애널리스트 리포트가 없다면, 회사의 홈페이지 혹은 페이스북을 참조하세요.
특히 스타트업의 경우 대표의 페이스북을 빠르게 쭉 보면 성향을 읽어낼 수 있습니다. 실제로 제가 스타트업 대표들을 만나기 전에 꼭 하는 일이기도 한데요. 그분들이 쓴 SNS 글을 최대한 많이 읽으면서 저와의 공통점을 찾아보기도 하고, 제가 상대방에게 도움이 될 수 있는 포인트는 무엇인지 생각해 봅니다. 이렇게 미팅을 하면, 말 그대로 '영양가 있는' 시간이 되거든요.

여러분도 면접을 앞두고 있다면 페이스북, 링크드인, 네트워크를 동원해 상대방에 대해 최대한 파악해 보세요. 상대방의 모든 것을 취재하세요. 여러분의 역량과 경험이 그들에게 어떻게 유용할지, 그들의 관점에서 부족하거나 채워 나가야 하는 부분은 무엇인지 객관적으로 살펴보고 실력을 쌓아 나가세요.

경력자 면접에 꼭 나오는
세 가지 질문

경력자 면접에 꼭 나오는 질문 중 첫 번째 질문은 '왜 지원했는지'입니다. 회사의 비즈니스 모델, 수익 구조나 성장 단계를 생각했을 때 여러분의 강점과 경험이 어떻게 쓰일지 가늠해 보고, 이 회사에서 어떤 일을 하고 싶은지 등을 설명해야 합니다. 페이스북의 COO(Chief Operating Officer) 셰릴 샌드버그는 '경력은 사다리가 아니라 정글짐'이라는 이야기를 했는데, 어떤 일의 경험이든 다른 일에 도움이 될 수 있습니다.

디자이너의 관점은 마케팅에 도움이 되고, 세일즈 경험은 인사나 오퍼레이션에 도움이 되고, 개발자 경력은 기획에 도움이 되는 식입니다. 스타트업에서 일했다면 빠르게 움직이는 조직에서 다양한 일을 해 본 경험이 대기업에 도움이 되고, 대기업에서 일했다면 큰 조직에서의 의사 결정 방법과 시스템을 추구해 본 경험이 스타트업에 도움이 됩니다. 강점화해서 현재 지원하는 회사와 직무에 연결하고 설득하세요.

많은 사람들이 회사가 제공하는 제품, 서비스, 혜택, 가치가 좋아서 지원하게 되었다고 이야기하는데, '꽝'입니다. 저는 글로벌 투자은행으로 이직할 때 제가 어떤 성향이고 어떤 일을 하고자 하는지, 그게 왜 상대방의 현재 단계에서 필요한지를 설명하며 회사보다 제가 하고자 하는 일에 초점을 맞쳤습니다. 단순히 '회사가 좋은 회사'여서 지원한다는 인상을 주지 않으려 노력했고, 처음부터 일을 세팅해야 했기 때문에 도전을 즐기는 성향이라는 것, 제 경험 중 어떤 것들이 회사에 필요하며, 왜 그 일을 해 보고 싶은지 등을 어필했어요.

본인이 추구하는 '가치'와 회사의 '미션과 비전'이 일치하는 부분을 이야기하는 것도 좋습니다. 회사의 미션과 비전에 대한 본인의 생각과 철학을 적극적으로 표현하며, 왜 이 회사에서 함께 성장하고 싶은지 피력하세요.

단순히 인터뷰를 통과하기 위한 것만이 아닙니다. '왜' 그 회사로 이직하고자 하는지, 어디에서 어떤 사람들과 일하고자 하는지, 구체적인 이유와 근거를 찾아보세요. '왜'란 질문을 깊게 하면 할수록 자신과 상대방이 맞을지 심도 있게 알아볼 수 있습니다. '여기만 아니면 돼' 하며 이직하면, 커리어만 더 꼬일 뿐입니다.

두 번째 질문은 '전 직장에서 했던 일은 무엇인지'입니다. 그동안 했던 일을 자세하게 '나열'할 필요는 없습니다. 새 직장과 연결고리가 있는 경험에 초점을 맞춰, 강점과 성과를 가능하면 숫자를 활용해 설명해 주세요.

소셜커머스 초기 멤버로 5년간 일하며 배송 시스템과 신규 카테고리 론칭을 담당한 W의 사례를 말씀드릴게요. 그는 급격히 성장하는 벤처에서 일해 보았다는 점, 그래서 해 본 일의 범위가 굉장히 넓다는 점, 누구도 해 보지 않은 일을 스스로 부딪치고 깨지며 해결했다는 점, 신규 사업을 기획하고 운영해 보았다는 점 등을 강점으로 꼽을 수 있었습니다.

아쉬운 점은 본인은 이 강점을 잘 인지하지 못하고 있었다는 것인데요. 저는 W에게 이직 인터뷰 때 반드시 설명해야 할 것들을 이렇게 조언했습니다.

"배송 리드 타임은 '얼마나' 줄었는지 숫자로 설명하고, 이로 인한 고객 만족도나 피드백은 어땠는지, 시장 내에는 어떤 영향을 미쳤는지, 신규 카테고리를 론칭했을 때는 어떤 과정을 거쳐 이 일을 성공적으로 마쳤는지, 성과는 단계별로 어떻게 변화했는지, 본인이 '어떻게' 기여했는지를 설명하세요. 그리고 신규 서비스를 론칭해 본 경험이 이직하려는 회사에는 어떻게 '연결'될 수 있을지에 대해 얘기하면 금상첨화입니다."

서비스 기획을 7년 한 R도 자신이 했던 프로젝트를 '이런 것도 해 봤고 저런 것도 해 봤다'며 단순히 나열해 아쉬운 경우였는데요. 저는 R에게 어떤 방식으로 일하며 어떤 역할을 했는지, 어떤 점을 개선하려고 제안했는지, 이에 대한 회사나 클라이언트의 피드백은 어땠는지, 기대했던 결과와 실제는 같았는지 등을 설명하고, 지금 지원하는 회사에서는 본인이 했던 일의 경험 중 어떤 부분을 적용할 수 있는지 피력하라고 조언했습니다.

자기가 다 했다고 부풀리라는 것이 아닙니다. 기여도를 숫자로 말해 줘도 좋아요. 30% 관여, 70% 관여 이런 식으로요. 지원하는 회사에서 궁금해 할 만한 경험 한두 가지에 대해 구체적으로 말하는 것이 더 좋습니다.

세 번째 질문은 '전 직장에서 힘들었던 점이 무엇인지'입니다. 솔직히 답변하되 힘들었던 점이나 문제점만 줄줄 읊거나 예전 회사를 비난하지 말고, 문제 해결을 위해 어떤 노력을 했는지, 어떤 시도를 했는지 등에 초점을 맞추면 좋습니다.

C는 한국 회사에 다녔지만, 대표가 미국에서 자라 영어로 커뮤니케이션하는 일이 많았습니다. 회사가 빠르게 성장하면서 절반 이상의 인력이 교포나 외국인으로 채워져 갑자

기 영어로 메일을 쓰거나 커뮤니케이션해야 했던 점이 힘들었다고 면접에서 이야기했는데요. 저는 이분의 답변을 듣고, 그래서 이 어려운 점을 극복하기 위해 본인은 어떤 시도를 해 보았는지 궁금해졌습니다. 면접관이 궁금한 것을 물어볼 수도 있지만, 본인이 먼저 문제 해결을 위해 어떤 시도를 해 봤는지 이야기하는 것이 더 좋습니다. 이를 통해 어떤 성향의 사람인지 드러낼 수도 있고요.

예전 회사를 '비난'하는 것은 조심해야 합니다. 어떤 회사든지 단점은 다 있고, '또라이 불변의 법칙'은 늘 존재하니까요. 상사나 회사 동료, 혹은 회사 시스템 등을 비난하는 식으로 답변이 나가면, 그래서 그런 힘들었던 일이 여기서 또 벌어지면 어떻게 하겠느냐는 질문이 올 수도 있고, 그러다 보면 말이 꼬입니다.

비난의 태도보다는 어떤 부분이 아쉬웠는지, 만약 이 회사에서 같은 일이 일어난다면 본인은 어떻게 개선하고 싶은지 말하는 것이 좋습니다. 업무적인 부분에서의 성장, 회사의 철학과 가치, 혹은 자신이 앞으로 관심 있거나 잘할 수 있는 일의 관점에서 접근해 보세요.

'면접 포비아'를 극복하는
네 가지 '꿀팁'

솔직히 '인터뷰 트레이닝'을 하다 보면 자신감을 가져도 되는 분들이 자신감이 너무 없는 경우를 봐요. 반면에 자신만만할 이유가 없는 분들은 자만한 경우를 많이 봅니다. 참 아이러니하죠? 인터뷰를 본다는 것은 회사에서 일단 당신에 대해 호기심을 가졌다는 뜻입니다. 자신감 있게 대처하세요.

연관 직무가 아니거나, 회사에서 요구하는 역량을 정확히 갖춘 경우가 아니라면 여러분의 강점이 이 상황에서 어떻게 빛을 발할 수 있을지 얘기하면 됩니다. 여러분의 이력서를 보고 전혀 맞지 않다고 판단했다면, 인터뷰조차도 없었을 것이니 그 자리에 간 이상 'Make it done'이 되도록 노력해 보세요.

단, 자만심은 금물입니다. 태도 때문에 인터뷰를 망치는 경우가 많은데요. 한 회계법인에서 일했던 U는 좋은 학교를 나오고 회계법인에서 일한 지 6년 차였습니다. 주도적으로 할 수 있는 일을 찾으면서 스타트업으로의 이직을 생각하고 있었는데, '나 정도 되는 사람이 가주겠다는데'라는 태도가 철철 넘치고 있었죠. 회사 간판이 자신이라고 착각하지 마세요. 그리고 '나 이런 사람이야' 하는 사람과 누가 일하고 싶어 하겠어요.

인터뷰 분위기가 좋아서 해야 할 말과 하지 말아야 할 말을 가리지 못하는 경우도 있습니다. 요즘 회사들은 대부분 인터뷰 분위기를 좋게 조성합니다. 인터뷰 분위기가 편안하다고 그게 여러분을 채용하기로 마음먹었다는 뜻은 아니에요. 어떤 자리에 갔는지 잊지 마세요.

일방통행이 아니라 '쌍방' 통행

여러분이 엄청 훌륭한 인재라는 것을 증명해 합격을 얻어내는 자리가 아니라, 서로 즐겁게 대화하며 재미있고 유익한 시간을 보내는 자리라고 의식적으로 생각해 보세요. 인터뷰는 일방통행이 아니라 쌍방 통행입니다. 실례로 한 외국계 스포츠 회사의 임원은 지원자를 평가할 때 '저 사람과 내가 부산까지 KTX를 타고 간다면, 재미있게 갈 수 있을까'를 생각한다고 합니다. 인터뷰를 할 때, 여러분이 '평가받는다'는 생각에 너무 부담 갖지 마세요. 여러분도 그들을 평가하고 'Fit'이 맞는지 따져보는 자리가 인터뷰라는 것, 꼭 기억하시기 바랍니다.

한번은 제가 인터뷰를 볼 때, 최종 의사 결정자가 머그

컵을 들고 회의실에 들어왔는데 컵에 호주 국기가 그려져 있었어요. 저는 그 이야기로 대화를 시작했습니다. 호주에 여행을 다녀왔냐고 물으니, 가족들은 호주에서 살고 있고 본인만 한국에서 일하고 있다 하더라고요.

그래서 한국에서 혼자 살며 일하는 것은 어떤지 등을 이야기하며 어찌 보면 직무와는 큰 상관없는, '사는 이야기'로 '대화'를 했습니다. 결과는 좋았습니다. 실력도 중요하지만 사실 무슨 일을 어떻게 했는지는 이력서에서도 확인할 수 있어요. 인터뷰는 얼마나 대화가 잘 통하는지, 이 회사와 잘 맞는지 여부를 판단하는 자리이기도 하니까요.

많을수록 좋은 '모의면접'

여러분의 타깃 회사만 생각하지 말고 작은 회사, 큰 회사 가리지 말고 면접을 많이 보세요. 일본 회사로 이직한 Z는 이를 활용한 경우였는데요. 일본 회사에서 면접을 어떻게 하는지 몰라서 연습 목적으로 면접을 많이 봤다고 합니다.

연습을 많이 해 봐야 대처 능력도 좋아져요. 잘 안 됐을 때는 무엇을 잘못했는지 기록해 두면서 면접 노하우를 만들어보세요. 처음에 면접이 잘 안 될 때는 자괴감도 들고 충격도 받을 수 있지만, 몇 번 경험하고 나면 떨어지는 이유를 스스로 알 수 있습니다.

실제 면접을 진행하기엔 현실적으로 제약이 있다면, 인터뷰 상황을 가능한 한 자세히 '그려 보세요'. 회사에서 어떤 질문을 할지, 나는 어떻게 답할지, 그다음에 그들은 무엇을 다시 물을지, 순서도를 그려 보는 것이죠.

이는 내가 했던 일에 대해 스스로 정리하고, 상대방의 입장을 가늠해 보기에도 좋습니다. 이 순서도를 기반으로 가까운 지인과 모의면접을 많이 해 보세요. 그리고 연습 장면을 꼭 휴대전화 동영상으로 찍어보세요. 언어 습관이나 시선 처리 등 자신도 몰랐던 부분을 발견할 수 있어요. 오글거려도 꼭 해 보세요.

익숙해지기

제가 가장 큰 효과를 보는 방법은 지금 소개해 드리는 방법인데요. 저는 긴장이 많이 되는 상황이면, 그 장소에 30분에서 1시간 이상 미리 가서 '익숙해지기' 위해 노력합니다. 어떤 사람들이 있을지 모르니 일단 장소에라도 익숙해져서 불확실성을 약간이라도 제거하는 것인데요. 인터뷰나 프레

젠테이션, 미팅 등 가리지 않고 이 방법을 사용해요.

한번은 제가 모 금융지주의 회장을 1:1로 만나는 기회가 생겼는데 이때도 너무 긴장되어서 미팅 장소에 1시간 정도 빨리 갔습니다. 제가 지금 하는 일을 생각할 때 상대방이 어떤 점을 궁금해 할지, 무엇을 질문할지 생각해 보고 '저 사람도 사람이다. 저 사람도 사람이야'를 되뇌며 긴장을 덜어내려 노력했어요.

장소와 사람에게 익숙해지면 긴장을 한결 낮출 수 있습니다. 꼭 다니고 싶은 회사의 인터뷰를 앞두고 있는데 너무 떨린다면, 한참 미리 도착하거나 여러 번 그 현장에 가보세요. '저 사람들도 여기서 일하는데 나라고 왜 못해'라고도 한번 생각해 보세요. 도움이 많이 됩니다.

05

이직의 완성,
연봉 협상

연봉 확정의 결정타

이제부터 연봉, 돈 이야기를 하려고 합니다. 이직 이유 1순위로 꼽히는 연봉이지만 누구도 연봉 협상을 어떻게 해야 하는지, 구체적으로 어떤 준비가 필요한지 알려주지 않습니다. 이직할 때, 원하는 연봉을 묻는 질문에 그동안 어떻게 답하셨나요? 연봉에 영향을 미치는 결정타가 무엇인지 알고 있었나요? 회사는 늘 우리보다 정보도 많고 '갑'의 입장인데 이런 회사와 어떻게 연봉 협상을 해야 잘하는 걸까요? 지금부터 연봉 협상의 결정타 네 가지를 알려드리겠습니다.

수요와 공급의 법칙

'WAR(Wins Above Replacement)'이라는 용어 들어본 적 있나요? 프로야구에서 쓰는 용어인데요. '대체 선수 대비 승리 기여도'를 뜻합니다. 대체 선수에 비해 얼마나 많은 승리에 기여했는가를 나타내는 수치로, 예를 들어 이대호 선수의 WAR이 8.76이라면, 그가 팀에 8.7승 정도를 더 안겨 주었다는 뜻입니다. 숫자가 높을수록 대체하기 힘든 선수임을 의미하고, 그만큼 연봉이 높은 경우가 일반적입니다.

우리의 회사 생활, 연봉 협상에도 이 개념을 적용할 수 있습니다. 여러분을 대체할 사람이 시장에 없을 때, 연봉은 올라갑니다. 시장의 수요와 공급의 원칙을 따르는 것이죠. 지금 인공지능 전문가를 찾느라 삼성전자, 구글, 애플을 비롯한 각 회사들은 혈안인데(수요의 증가), 그만큼 그 일을 잘할 수 있는 전문가는 부족한 실정입니다(공급의 부족). 이런 상황에서 인공지능 전문가들의 연봉이 올라가는 것이죠.

좋은 조건으로 벤처캐피털 업계 내에서 이직에 성공한 H. 그가 연봉을 20%가량 올리면서 휴가나 법인카드 한도 등 다른 가치에 대한 협상력을 발휘할 수 있었던 이유로 '시장 내 필요 인력에 대한 수요와 공급의 불균형'을 꼽았습니다.

그는 이직할 당시 두 군데 회사를 저울질했는데요. 그가 일하고 있던 회사까지 포함하면 세 군데 회사의 선택지를 가지고 있었던 셈이죠. 서로 다른 회사들이 H의 역량과 경험을 탐내는 상황에서, 그는 다른 회사에서 내밀었던 조건을 활용해 가고 싶었던 회사를 설득하고 원하던 방향으로 협상을 진행할 수 있었습니다.

우리가 강점에 집중하고, 그 강점을 점점 더 뾰족하게 해야 할 이유가 여기에 있습니다. 수요-공급의 논리에서 우위를 점하고 여러 회사가 탐내는 인재가 되려면, 잘하는 것이 확실히 있어야 한다는 점은 당연한 것이니까요.

남들도 다 하는 것을 하기보다 나만 할 수 있는 것이 있을수록, 그것이 시장에 필요한 일일수록 연봉은 올라갑니다. 연봉 협상에서 개인이 유리한 고지를 점할 수 있는 수요와 공급은 보통 '업황'과 같이 갑니다. 이제 막 성장기로 진입하는 회사나 직무의 경우, 시장에서 요구하는 역량과 경험을 갖고 있다면 개인이 유리해질 수밖에 없습니다.

저 역시 국내 증권사에서 글로벌 투자은행으로 이직할 때, '업황'과 그에 따른 수요와 공급이 큰 영향을 미쳤는데요. 제가 이직하던 시기에 비즈니스 사이클이 좋아졌고, 회사에서 채용하려는 조건을 갖춘 사람이 시장에 많지 않았다는 점도 유리한 방향으로 흘러갈 수 있었던 이유였습니다.

반대로 이미 성숙기에 이른 시장에서는 회사에서 필요로 하는 인력(수요)보다 공급이 넘치기 시작합니다. 만약 여러분이 지금 다니는 회사가 성숙기에 진입했는데 이동하고자 하는 회사도 성숙기에 진입한 회사라면, 연봉 협상의 여지가 크지 않습니다.

'모두가 재미있다고 생각하는 일'도 마찬가지입니다. 엔터테인먼트 업계가 대표적이죠. 시장에 여러분 말고도 그 일을 할 수 있고, 하고 싶어 하는 대체재가 많기 때문이에요.

업황 살피기

K는 컨설팅 업계에서 10년 넘게 일했습니다. 컨설팅을 하면서 다양한 클라이언트를 만나다, 한 회사로부터 전략기획 임원 포지션을 제안 받았습니다. 며칠을 고민하던 K는 그 자리를 고사합니다. 제안받은 회사는 지금 다니고 있는 컨설팅 회사에 비해 잘 알려진 회사가 아니었고, 새로 추진하겠다는 비즈니스도 그다지 매력적이지 않다고 생각했기 때문이었습니다.

그가 고사한 자리에 후배 L이 추천을 받아 가게 되었는데요. 그 회사는 그로부터 2년 후 상장을 합니다. 스톡옵션을 받고 갔던 L은 '대박'이 났고요. 그 회사는 스크린 골프로 유명한 회사였어요. K는 "누가 골프를 화면 보고 쳐? 스크린은 영화 볼 때나 보는 거지" 하는 생각으로 거절했다고 하는데 본인의 직감을 믿기보다 시장의 성장성을 제대로 분석했으면 어땠을까요?

M은 미디어 업계에 근무한 지 13년 차인 베테랑입니다. 오래전부터 꿈꿨던 일을 하며 현재 생활에 대체적으로 만족하는 편인데, 몇 년 사이 뉴미디어 회사로 이직한 동료들의 연봉이 많이 올랐다는 소식을 들을 때마다 '나는 뭐하고 있는 거지… 굳이 꼭 여기 있어야 하는 것도 아닌데'란 생각이 든다고 합니다.

N은 M에 비해 연차가 짧습니다. 뉴미디어 콘텐츠를 만드는 일을 한 지는 4년이 됐죠. 대학 때부터 콘텐츠를 만들어 유튜브에 올리고 직접 제작사를 만들어 보기도 했어요. 그러다 IT 대기업에서 그 회사를 인수하면서 지금은 IT 대기업에서 콘텐츠 만드는 일을 하고 있습니다. 이 둘의 연봉 차이는 얼마나 날까요? 9년의 차이만큼 연봉도 차이 날까요?

연봉 협상의 결정타 중 한 가지, 바로 업황과 비즈니스 사이클입니다. 회사 상황이 안 좋고 이익을 못 내고 성장하지 못하는 국면에서는 연봉 협상이 불가능합니다. 이 경우는 오히려 연봉이 삭감되는 경우도 많습니다. 반대로 성장 사이클에서는 수요와 공급이 무너지면서 평소보다 협상력이 더 커지게 됩니다.

시장이 어떻게 변화하고 움직이는지 읽어내는 것은 우리가 중요하게 생각하는 연봉과 밀접한 관계가 있습니다. '사람인'에서 인사 담당자를 대상으로 실제 연봉 결정에 중요한 영향을 미치는 요인이 무엇인지 설문한 결과, '기업의 매출과 실적'이 28.3%로 1위를 차지했습니다. 연봉을 동결하거나 삭감하는 이유도 역시 마찬가지입니다. 회사 매출 등 성과가 좋지 않은 경우가 50%로 1위인데 회사에 돈이 없으니 구성원에게 돌아갈 돈도 없는 것이죠.

　　앞에서 컨설팅 회사에 다니고 있던 K와 미디어 업계에서 일하는 M의 연봉이 L, N과 비슷하거나 낮은 이유는 바로 이 때문입니다. 이들이 일을 못 해서가 아니라, 그들이 일하고 있는 비즈니스 사이클이 성숙기에서 쇠퇴기로 접어들었기 때문입니다.

　　프로페셔널의 세계에서 실력과 역량을 갖춰야 하는 것은 기본이지만, 종종 상황이 그 능력을 우선한다는 점을 기억하세요. 그렇다고 운에만 맡겨버릴 일도 아닙니다. 시장의 움직임을 읽어내는 일, 그 중요성과 방법에 대해서는 2장을 다시 한번 꼼꼼히 읽어보시길 추천 드립니다.

요구와 요청 – Sales Yourself

여기 두 사람이 있습니다. A는 일 잘한다는 소리를 곧잘 들으며 한 직장에서 꾸준히 일하고 있습니다. 문제는 이 A가 일 잘하는 걸 같은 부서 사람들만 아는 것이었어요. 부서 이동이 있을 때마다 누군가 A를 추천했지만, 다른 사람들은 'A가 누군데? 잘 모르겠다'는 반응이었고, 그는 같은 자리에서 꾸준히 일하며 평범한 직장생활을 하고 있었습니다.

B는 A와 대학 동기인데요. 졸업 후 같은 업계에 있었지만 이직을 세 번 하고, 초봉 대비 5배가 상승한 억대 연봉을 받고 있습니다. A와 B의 결정적인 차이는 무엇일까요?

"세일즈하는 능력이 슈퍼스타와 낙오자를 가른다."

_피터 틸, 블레이크 매스터스, 《제로 투 원》

답은 자기 자신을 '세일즈'하는 능력이었습니다. 자신이 어떤 것에 강하고, 회사에 도움이 되는 가치를 어떻게 창출했는지, 설득하고 보여 주는 능력의 차이가 이런 결과를 가져오게 된 것입니다.

회사에서 '꾸준히, 묵묵히 소리 없이' 일만 '가만히' 하다가는 '가마니'가 되기 십상입니다. 자신의 성과를 증명하고 가치를 세일즈하는 방법을 저는 외국계 회사에서 일할 때 많이 배웠습니다. 보스가 제일 많이 했던 말이 "Be Vocal, Be Visible(회사 내 다른 사람들에게 본인의 의견과 생각들을 적극적으로 피력하고, 그로 인한 성과를 눈에 더 띄게 이야기하라)"이었어요.

국내 기업에서 연차가 차면 자연스레 승진하고 연봉이 조정되는 것에 익숙했던 저는 승진 연차가 된 해에도 별달리 요청하지 않았습니다. 그러다 10월 말쯤 '한 번쯤 이야기를 해 놓는 게 좋지 않을까' 하는 생각으로 보스에게 말했는데요. 보스가 "성과 평가가 12월인데 왜 이제 얘기하느냐"고 반문하더라고요. "회사에 가치를 창출하는 데 기여했다고 생각하면 진작 자기 목소리를 내고 요청했어야지, 가만있는 사람을 누가 승진시켜 주냐"는 조언도 해 주었습니다.

나 자신을 세일즈하는 것 자체가 적응이 안 되고, 어색한 분들도 있을 것입니다. 국내 기업 저변에 깔린 유교와 군대 문화는 누가 특별히 뭘 잘한다고 승진을 시키고 높은 연봉을 주지 않습니다. 연공서열에 의한 것이 대부분이고, 이렇게 자기 목소리를 냈다가는 오히려 '나댄다'고 미움을 받기도 하니까요.

그렇지만 이제 상황이 달라지고 있습니다. 우리가 요구하고 요청하지 않으면, 회사는 우리가 어떤 상태인지 모릅니다. 세계 각국의 동료와 일할 때는 더더욱 근거를 가지고 자기 목소리를 내는 것이 필요하기도 하고요. 요구하느냐, 그렇지 않느냐에 따라 실제 연봉의 액수가 달라지고, 달라진 연봉은 해를 거듭할수록 그 격차가 더 커집니다.

카네기 멜론 대학의 경제학자 린다 밥콕은 비슷한 액수에서 연봉 협상을 시작하지만, 최종적으로 계약서에 서명할 때 차이가 있는 사람들의 이유를 연구했습니다. '더 높은 액수를 이야기할 마음이 있는지'에 그 원인이 있었습니다. 보통 초임 협상은 여자보다 남자가 더 많이 하는데(남성의 57% 이상이 협상을 시도하고 여자는 단 7%만 시도), 자신의 역량을 세일즈하며 요청한 사람들은 평균 7.4% 높은 초임을 받고 일을 시작했습니다*.

회계법인에 입사한 Z는 입사 시점에 대차게 초임 협상을

---

* 애덤 그랜트, 《Give and Take》 참조

시도했습니다. "회사에서 필요로 하는 자격증을 갖고 있고, 이러저러한 역량을 갖고 있으니 연봉을 더 많이 달라"는 것이었죠. 결과는 어떻게 됐을까요? 초임 협상은 실패했습니다. "신입사원이 무슨 연봉 협상이냐"며 "앞으로 일이나 잘하라"는 이야기를 들었지요.

그런데 놀라운 일은 6개월 후 동기들은 아무도 인센티브를 받지 못할 때 Z만 받을 수 있었습니다. 그리고 매해 다른 동기들에 비해 월등히 높은 인센티브를 받았습니다. 일을 잘하기도 했지만, 자신 있게 자신의 역량을 세일즈하고 요청하는 Z를 회사가 더 유심히 보았던 것 아닐까요?

상대방의 패 알기

상대방의 관점에 대한 이해는 연봉 협상의 필수입니다. 이직하면서 연봉 협상을 하는 경우라면 어떻게 해야 할까요? 왜 이 포지션을 채용하는지 알아봐야겠죠. 전임자가 있었다면 그의 스펙이나 역량은 어떠했는지, 회사가 아쉬워했던 점은 무엇이며 전임자에 비해 당신이 가지고 있는 것은 무엇인지 파악해 보세요.

상대방이 당신에게 기대하는 바와 당신이 줄 수 있는 것은 무엇인지, 당신의 경험이 얼마나 자산이 될 수 있는지 가늠해 보세요. 상대방이 원하는 바에 대해 구체적이고 신뢰할 만한 정보를 많이 가지고 있을수록 당신의 연봉 협상력은 높아질 수 있습니다.

제가 한번은 일하고자 하는 회사를 조사해 그 회사의 키워드를 추려내고 태깅보드를 작성해 보는 코칭을 한 적이 있었는데요. 어떤 분의 회사별 태깅보드 내용이 '연봉, 워라밸, 회사의 위치, 수평적인 조직 문화, 자율적인 분위기' 등이었어요. 물론 중요한 조건이긴 하죠. 문제는 각 회사가 무슨 일을 하는지, 어떤 것을 키워드로 하는 회사인지 전혀 관심이 없었다는 점이었습니다. 자, 입장 바꿔놓고 생각해 볼까요. 여러분이 회사 대표라면 회사가 뭘 하는지 관심이 없고 외부적인 조건만 보고 오는 사람을 연봉을 많이 주고 채용하고 싶을까요?

반대로 Y는 외국계 자동차 회사를 거쳐 LG 계열사, SK 계열사로 이직하며 대기업의 보수적인 기준에 비해 파격적인 연봉 협상과 승진 조건을 성사시켰습니다. 처음부터 끝까지 '상대방의 관점'에서 그들의 키워드는 무엇이며, 어떤 역량을 갖춘 사람을 채용하고 싶은지 고민하고, 자신이 그 역량과 실력이 있음을 증명해 성공적인 연봉 협상을 이끌어낸 케이스였습니다.

최근 한 스타트업으로 이직한 G는 이직 전에 대표와 함께 일할 팀원들을 다섯 번 이상 만났다고 해요. 자신이 이 회사에서 어떤 일을 하기를 기대하는지, 구체적으로 요구되는 역할은 무엇인지 묻고 확인했습니다.

저 역시 첫 직장 퇴사 후 국내 증권사로 이직할 때, 함께 일할 팀원 2명을 두 번 이상 만나 제게 실제로 어떤 역할을 기대하는지 확인했는데요. 회사 입장에서도 이렇게까지 자신의 시간과 공을 들이는 인재를 뺏기고 싶어 하지 않습니다. 그 까닭에 연봉 협상에서 유리한 고지를 차지할 수 있는 것 같아요.

영국의 컨설턴트 닐 래컴(Neil Rackham)은 9년 동안 뛰어난 협상가와 평범한 협상가를 연구했는데, 그 결과 뛰어난 협상가는 더 많은 시간을 들여 상대의 관점을 이해하려 한다는 점을 발견했어요. 그들은 21% 더 많이 질문했고, 협상과 직접 관련된 내용은 10% 덜 이야기하며, 상대방을 이해하고 신뢰를 구축하는 데 더 노력을 기울였다고 합니다*. 그들의 관점에서 생각하고 질문해 보세요. 연봉 협상이 훨씬 더 유리해집니다.

* 애덤 그랜트, 《Give and Take》 참조

내 가치를 세일즈하는
3단계 설득법

Y는 연봉 협상 시즌을 맞이한 어느 날 상사로부터 받고 싶은 연봉을 적어 내라는 이야기를 들었습니다. 엑셀에 숫자만 간단히 적어 냈더니 "뭐 이런 터무니없는 숫자를 써서 냈느냐"고 면박만 당했다고 해요. 자신의 역량과 가치를 세일즈하기 위해서는 '신빙성 있는 근거'를 갖고 제대로 요청해야 한다는 점을 기억하세요. 그리고 근거는 아래 세 가지를 만족해야 합니다.

· 정확한 숫자로
· 시장 대비 당신의 성과를
· 구체적인 형식으로

제가 회사와 연봉 협상과 승진을 앞두고 작성한 실제 문서 중 일부를 보여드릴게요.

- The **only marketer** who covered other cities outside of Seoul visiting branches in Busan, Daegoo, Ulsan and Changwon to develop new relationship.
- Arrange **the first visit** for KOFIA Busan, Busan bank and other local securities firms to cover warrant, CBBC and structured product in JPMorgan HK office and invited structuring and HK warrants team.
- With KOFIA, **pioneer** co-education program such as media seminar and retail seminars.
- The only LP which was selected by KOFIA to have continuous seminars with them.
- By keeping a close relationship with regulators, **considered primary partners** for regulators as KRX/KOFIA.
- To put things in perspective, given the limited resources and budget, we did **much more than our competitors. Eg the only house to secure free TV exposure to save $.**

	A	B	C	D	E
# of marketer	1	1.5	1.5	2	2
# of seminar	25	15	3	10	-
# of covered brokerage firms	6	2	-	1	-
TV exposure	Daily	Daily	-	-	Daily
Media relationship	Strong	Strong	Medium	Weak	Strong
Co-marketing with KOFIA	Strong	-	-	-	-
Warrant web	O	O	O	O	-

- Helped in expanding our brand awareness through revamping of our website and linking our information on the home trading systems of local brokerage firms single handedly.

· Brought to the firm that we can have such exposures both in the media and with regulators. That ensures firm gets to voice our opinion and will be one of the first to receive information by regulators.

표를 보세요. 저는 했던 일을 최대한 '숫자'로 설명하고, 시장 내 다른 회사의 비슷한 포지션 현황도 함께 보여 주었습니다. 그리고 무엇을 했다는 사실 그 자체보다 그 일의 가치를 구체적으로 설명하기 위해 노력했는데요.

제한된 예산으로 다른 경쟁사에 비해 어떻게 일했는지, 규제기관과는 어떤 관계였는지 등을 구체적으로 표현하고 '유일한' '최초의' '개척하는' 등의 단어를 사용해 이 일이 어떤 의미와 가치를 갖고 있는지 설명했습니다.

C는 한 직장에서 5년을 일하면서 두 번의 연봉 상승을 이루어냈습니다(여기서 연봉 상승은 물가 상승률만큼의 연봉 상승이 아니라 유의미한 상승을 의미합니다). 그는 일에 비해 연봉이 너무 '짜다'는 생각이 들어 상사를 찾아가 이렇게 요청했습니다. "앞으로 3개월간 최선을 다해 성과를 내고 이에 대해 프레젠테이션할 테니 그때 연봉 협상을 다시 했으면 좋겠다."

3개월 후 C는 상사와 마주 앉았습니다. 생각보다 일이 커져 본부 내 다른 직원들 앞에서 PT를 해야 하는 상황이 됐는데요. 그는 자신의 성과와 달성한 목표를 '숫자'를 활용해 이 결과가 시장 내에서는 어떤 가치이며, 회사의 성장에는 어떻게 도움이 됐는지 구체적으로 설명했습니다. 재협상을 벌여 연봉도 올렸고요. C에게 자극받은 동료들도 구체적인 근거를 갖고 PT를 해 원하는 결과를 이루어 냈다는 사실은 덤입니다.

기획이나 디자인, 연구개발 등의 직무는 당장의 성과를 숫자로 나타내기 어려울 수 있습니다. 그리고 직무에 따라 '숫자'가 중요하지 않을 수도 있죠. 숫자는 '양'을 나타내는데 무조건 많이 한다고 좋은 것도 아니고, 뭔가를 많이 할 수 없는 직무도 있으니까요.

이 경우는 본인이 한 일이 전체적인 수익이나 매출에 혹은 합의한 목표에 어떻게 기여했고, 가치를 창출했는지 서술하면 됩니다. 중요한 것은 'Fact' 그 자체가 아니라, 'Value'의 측면에서 이야기하는 것입니다.

연봉 협상의 기술
네 가지

여러분은 회사에서 "원하는 연봉을 제시하라"고 하면 어떻게 답변하실 건가요? 무조건 높은 연봉을 말해야 할지, 말한다 한들 협상이 가능한지 궁금한 적 없나요? 회사는 직급에 맞는 연봉, 회사별 표준을 갖고 있는 경우가 대다수인데요. 어떻게 대답해야 현명하고 지혜롭게 우리가 원하는 연봉에 최대한 근접할 수 있을까요?

이직 인터뷰 초기에 연봉 관련 질문을 받으면 답변을 조금 미루세요. 연봉 협상이 잘 이루어지려면 기본적으로 상대방이 여러분을 '신뢰하는 단계'에 이르러야 하는데, 초기에 신뢰와 인간적 호감이 바로 생기기는 힘들기 때문입니다. 스튜어트 다이아몬드의 《어떻게 원하는 것을 얻는가》에 따르면, 협상에서 합의에 이른 결정적 계기가 전문 지식 때문인 경우는 10%가 되지 않습니다. 반면 호감이나 신뢰처럼 인간적인 요소가 합의를 이끌어낸 경우는 50% 이상이라고 합니다.

흔히 연봉 협상을 잘하기 위해서는 뛰어난 스펙이 필요하다고 생각하지만, 그것보다 상대방으로부터 얼마나 호감과 신뢰를 얻느냐가 더 중요한 요소라는 것입니다. 연봉 협상까지 진행됐다는 것은 채용 요건은 갖추었다는 뜻입니다. 이

후 인상, 로열티, 의지, 관심 같은 무형의 가치까지 더해져 '그 사람이 어떤 사람인지' 종합적으로 고려하여 최종 결정하게 되죠.

따라서 초반에는 당장 숫자를 말하기보다 왜 그 회사에서 일하고 싶은지, 그것이 어떤 의미 혹은 가치인지, 스스로 무엇을 잘할 수 있는지를 먼저 이야기하세요. 이 모든 과정이 잘 마무리되면 그때 연봉 협상을 하자고 말하는 것이 더 좋습니다.

회사의 표준을 질문하는 법

연봉 협상이 어려운 이유 중 하나가 우리가 상대방이 가진 숫자를 정확히 모른다는 점 때문입니다. 대강 짐작은 할 수 있지만요. 이럴 때는 당신이 생각하는 숫자를 임의로 제시하기 전에 상대방이 어떤 생각을 하고 있는지 그림을 그려 보는 것이 대단히 중요합니다. 대화 리서치 등을 통해 상대방의 정보를 최대한 많이 갖고 있는 것도 필요하고요.

그렇지 않으면 도리어 손해를 볼 수 있어요. 회사의 기준을 알기 전이라면, 상대방의 표준을 물어보세요. 어떤 기준으로 나의 가치를 계산해 줄 것인지, 연봉 산정기준과 평가

기준, 보너스 지급 기준이 무엇인지 물어보는 겁니다. 그리고 "단순히 돈 문제가 아니라 회사가 원하는 것은 무엇인지, 회사가 나에게 기대하는 것은 무엇인지 먼저 듣고 싶다. 그러면 적절한 합의점을 찾을 수 있을 것 같다"고 이야기해 보세요.

그리고 여러분의 역량이라면 어느 정도 연봉 밴드 내에서 협상이 가능한지 다시 물어보세요. 같은 직급이라도 연봉은 각기 다른 것이 일반적인데요. 예를 들면 똑같은 '과장'이라도 성과 평가 결과에 따라 누구는 6000만 원, 누구는 7000만 원 이런 식으로요. 그 하한선과 상한선을 물어보는 것이죠.

이렇게 회사의 표준을 확인한 다음에는 앞에서 이야기한 대로 여러분의 역량을 '숫자를 활용해 시장 대비 당신의 성과 혹은 가치를 구체적으로 보여 주고 설득'하는 것이 필요합니다. 만약 회사가 이에 대해 대답하지 않거나 회피한다면? 회사가 원하는 것을 모르고 일할 수 없다고 정중히 이야기하시면 됩니다.

회사 측이 여러분에게 숫자를 말하지 않는데, 여러분이 앞서서 이야기할 필요는 없습니다. 이렇게 우리가 질문했을 때, 회사 측이 정확한 금액을 이야기하지는 않더라도 밴드를 이야기해 주는 경우는 실제로 많이 있습니다.

반대로, 묻지 않으면 회사는 '당신의 연봉 예상 밴드는 이렇게 된다'고 먼저 말하는 경우는 드물다는 것이죠. 요구하고, 요청하셔야 합니다. 정중하게요.

미래 가치로 승부하기

원하는 연봉을 이야기할 때 돈 이야기를 직접적으로 하는 것보다 여러분이 창출할 수 있는 가치를 중심으로, 직급과 역할로 설득하는 것이 더 효과적입니다.

D는 IT 대기업 연구원으로 2년간 일하다 대학원에서 경영과 인사 지식을 쌓았습니다. 인사 컨설팅과 은행 인사팀을 거쳐 지금은 한 대기업 인사팀에서 일하고 있는데요. 그의 연봉 협상 사례를 말씀드리겠습니다.

"저는 연봉보다 직급을 협상하는 데 중점을 뒀어요. 대기업은 연봉 테이블이 직급에 따라 정해지잖아요. 회사에서 기대하는 역할을 제대로 하기 위해서는 매니저(과장) 직급이 되어야 한다고 설득했어요. 회사 제안은 대리 3~4년 차였거든요.

그동안 쌓아온 노하우를 어떻게 잘 활용할지 설득하고 그에 합당한 직급을 요구했습니다."

제 경우에도 역할과 역량, 미래 가치에 집중하면서 포기하게 되는 기회비용을 포함해 연봉 협상을 진행했습니다. 저는 구조화 파생상품을 마케팅/세일즈하는 일을 했었는데요. 전 회사의 부서원이 30명이었고 저와 직접적으로 함께 일한 팀원이 4명이었다면, 이직할 외국계 회사는 저 혼자 모든 일을 다 해야 하는 구조더라고요.

외국계는 세부 상품 단위로 조직이 더 세분화되어 국내 회사에서 하나의 팀이 하던 일을 각기 다른 부서에서 나눠 일했기 때문이죠. 제가 맡은 상품을 마케팅/세일즈하는 직무 인원은 1명뿐이라 저 혼자 모든 일을 다 해야 했습니다.

또 전임자가 없어 제가 처음부터 모든 것을 세팅해야 했기 때문에 리스크가 컸습니다. 다루는 상품의 폭이 좁아져 전문성은 높아질 수 있지만 동전의 양면처럼 감수하고 포기하게 되는 가치들이 있다는 것을 이야기했어요. 그리고 상반기까지 일한 성과, 이것이 계속 이어진다는 가정 하에 원래의 회사에 머무른다면 제가 받을 수 있는 보너스가 얼마나 될지 가늠해 이야기했습니다. 마지막 결과는, 원하는 연봉을 받게 됐고요.

돈에만 집중해서 100만 원, 200만 원 더 받으려다가 연봉 협상이 어그러지는 경우는 생각보다 많습니다. E는 최종 인터뷰까지 다 보고 연봉 계약서에 사인을 하기 직전 "그런데 100만 원만 더 주시면 안 될까요?" 했다가, 아예 없던 일로 하자고 최종 결정이 나 버린 케이스입니다. 내용을 전해 들은 해당 부서 임원이 막판에 100만 원으로 이렇게 시간을 더 끌 사람 같으면 채용하지 말자고 한 것이죠.

아이러니하게도 연봉 협상에서 돈 이야기를 직접적으로 하는 것은 별로 효과적이지 못합니다. 돈만 밝히는 사람으로 보일 수 있고, 다른 회사에서 돈을 더 준다고 하면 금방 이직할 사람이라고 느껴지죠. 여기서 중요한 건 회사와 신뢰를 형성하는 것입니다. 저도 여러 번의 인터뷰를 거쳐 99% 최종 확정 대상자였다는 것을 알게 된 후에 설득을 했습니다. 상황과 타이밍을 잘 보고 협상 카드를 꺼내세요.

연봉 협상 목표를 잊지 말자

궁극적으로 이러한 연봉 협상을 벌이는 이유가 무엇인지 생각해 볼 필요가 있습니다. 단순히 돈을 더 받기 위해서가 아니라 일하는 가치에 맞게 합당하게 받고 싶은 것이고, 그전에는 성장을 위해서든, 의미나 재미를 위해서든, 철학이나 가치가 부합해서든 '돈' 말고도 회사와 이 단계까지 오게 된 이유가 있을 것입니다. 그것에 먼저 집중해 보세요. 연봉에만 집중하면 본질을 잊게 되는 경우가 종종 생기는 것 같습니다.

표면적 이익은 인상된 연봉이지만, 진정한 목표가 더 나은 삶을 위한 금전적 여유는 아니었는지 마음의 소리를 들어보세요. 이에 따라 다른 대상을 교환할 수도 있습니다. 예를 들면 집을 사는 데 필요한 대출 관련 이자 비용을 회사에서 지불해 주거나, 일하는 지역이 달라지는 경우 이주비용을 회사에서 지원받는다거나, 자기 계발 비용을 요청하거나, 법인카드 사용 한도를 늘린다든가, 휴가를 더 많이 사용하는 등다른 가치를 교환할 수도 있는 것입니다. 진짜 여러분이 얻고자 하는 것이 무엇인지 생각해 보세요.

[김나이의 비밀 코칭]
회사와 내가 Win-Win 하는
연봉 협상 마인드셋

심폐소생술. 심장의 기능이 정지하거나 호흡이 멈추었을 때 사용하는 응급처치를 말합니다. 영어로는 CPR이라고 하는 데요. 우리가 연봉 협상을 할 때, 중간에 정지하거나 멈추지 않고 끝까지 잘 풀어나가기 위한 자세 역시 CPR이라는 생각이 들었어요.

- · Confidence 자신감을 가지고
- · Positive 긍정적인 태도로
- · Relax 긴장하지 말고 여유 있게

자신감, Confidence

"약간의 근자감과, 어느 정도의 개썅마이웨이 정신이 필요하다!" _김수현,《나는 나로 살기로 했다》

어느 날 한 중소기업 회계팀에서 그보다 큰 중견기업 경영기획 부서로 이직하려는 F로부터 전화를 받았습니다. 2주 뒤 새 회사로 출근하는데 연봉 협상이나 처우 조건에 대해서 아직 말이 없다고, 먼저 이야기를 꺼내도 되는지, 언제 어떻게 물어봐야 하는지를 물었습니다. 자신이 먼저 연봉에 대해 언급하면, 너무 돈만 밝히는 사람으로 입사 전부터 찍히지 않을까 걱정하고 있었습니다.

여러분도 비슷한 경험이 있나요? 출근하기 전, 아니 전 회사에 퇴직 의사를 밝히기 전에 연봉이나 처우는 당연히 물어봐야 합니다. 그 조건이 어떻게 되는지 모르고 이직할 수는 없는 노릇이죠. 자신감을 가지고 당당히 물어보세요. 큰일 나지 않습니다. 당연한 권리예요.

자신감을 가지려면 여러 개의 협상 카드를 내 손에 쥐고 있는 것이 중요합니다. 네이버에서 개발자로 9년간 일하다 구글로 이직한 G는 지금 미국 실리콘밸리 구글 본사에서 멋진 (그리고 힘든) 회사 생활을 하고 있는데요. G는 이직하면서 연봉이 90% 가까이 상승했고, 입사 보너스(Sign up Bonus)까지 받았습니다.

"제가 구글과 인터뷰를 진행하는 중에 다른 A회사 인터뷰도 같이 진행하고 있었어요. 솔직히 최종 합격을 해도 A회사로 이직할 생각은 없었지만, 협상 카드로 활용하려고 최종 통보를 미루고 있었습니다.

그러다가 구글에서 최종 통보를 받고 연봉 협상을 할 때, A회사를 이야기하며 회사 간 조건을 비교하고 경쟁시키는 용도 (Competing offer)로 활용했습니다. 구글에 같이 입사한 사람 중 다른 회사의 대안이 없었던 동료는 저와 직급도 차이가 나고, 입사 보너스도 받지 못한 것으로 알고 있어요."

이렇게 두 가지 이상의 선택안이 있으면 자신감 있게 연봉 협상 테이블에 앉을 수 있고 원하는 방향으로 협상을 이끌어갈 가능성이 높습니다. 실패율도 낮출 수 있고요. 실제 협상에서는 이를 BATNA(Best Alternative To a Negotiated Agreement, 협상이 결렬될 경우 내가 취할 수 있는 최선의 대안)라고 하는데요. 이를 확보하는 것이 여러분이 연봉 협상에서 우위를 점할 수 있는 방법 중 하나입니다.

의사 결정 분야의 전문가인 폴 너트는 기업, 비영리단체, 정부기관 등에서 내린 의사 결정을 30년 동안 분석했는데요.

하나의 선택안으로 가부 결정을 할 경우 52%가 실패로 이어진 반면, 2개 이상의 대안을 고려한 경우에는 실패율이 32%로 20%P나 낮아지는 것을 발견했습니다.

단 하나의 선택만 고려할 때는 이 선택으로 효과를 거두려면 어떻게 해야 할지, 다른 사람의 지지를 받으려면 어떻게 할지 집중하느라 막상 더 중요한 질문인 '더 나은 대안(조건)이 있지 않은지, 선택안은 충분한지'에 대해 생각하지 않기 때문입니다(칩 히스, 댄 히스, 《자신 있게 결정하라》 참조).

만약 예전 직장을 퇴사한 상태에서 연봉 협상을 하게 되면, 즉 선택지가 하나밖에 없는 경우라면 상대적으로 불리한 입장일 수 있는데요. 이때는 '이것을 선택하면 대신 무엇을 포기해야 하는가. 똑같은 시간과 비용으로 다른 무엇을 할 수 있는가' 같은 질문을 스스로 던져보기 바랍니다. 이런 간단한 질문으로 하나의 선택안에 매몰되는 현상을 막을 수 있고, 당장 이 회사를 가야 할 것만 같은 불안감을 내려놓을 수 있으며 자신감을 회복할 수 있습니다.

긍정, Positive
연봉이 마음에 들지 않거나 약간 부족하다 생각될 때,

어떻게 말해야 할까요? 제가 한 세미나에서 이런 질문을 한 적이 있었는데, '꺼지라'고 말하고 싶다는 마음의 소리를 들려준 분이 있었습니다. 그런데 막상 실전에서 하기 힘든 말이죠? 그리고 이것은 협상을 깨겠다는 태도이지 이어나가겠다는 태도는 아닙니다. 이럴 때는 말하는 방식을 부정적인 화법에서 긍정적인 화법으로 전환하는 것이 훨씬 도움이 됩니다. 부정적인 화법으로 말하면 듣는 사람 입장에서 사고가 그 안에 갇히게 되기 때문이에요.

'제안을 받아들일 수 없다' 혹은 '받아들이든가 말든가'의 태도는 상대방에게 '받아들일 수 없다'는 결과만 잔상에 남게 만듭니다. 그 과정은 생략되고요. 당연히 결과도 부정적으로 나올 수밖에 없습니다. 이럴 때는 '내 제안을 받아들이면, 더 높은 성과로 보답하겠다'거나 '그렇게 생각할 수도 있겠다. 그런데 이런 대안은 어떨까?' 하는 방식으로 바꿔보세요.

성과 평가 후 상사가 통보한 연봉 인상률이 마음에 들지 않았던 I는 상사에게 찾아가 이렇게 말하고 연봉 인상을 이루어낼 수 있었습니다.

"제대로 일하고 있다는 것을 회사로부터 인정받고 싶고, 그 인정의 수단 중 하나가 연봉이라고 생각한다. 그를 통해 이 회사에서 일하는 자부심을 느낄 수 있을 것 같다."

또 말하는 방식을 단정적인 표현에서 질문형으로 바꿔 보세요. "저에게 이런 숫자를 제시하다니 이건 공정하지 않습니다!"라고 말하는 대신 "이것이 공정하다고 생각하십니까?"라고 물어보세요. 때로는 솔직하게 상대방의 도움을 구하는 식으로 질문하는 것도 긍정적인 분위기를 형성하는 데 효과적입니다.

회사 대표인 J는 직원과의 연봉 협상 경험 중 기억에 남는 일화를 소개해 주었습니다.

"연봉 협상 시즌에 직원이 머뭇거리다 솔직히 이야기를 했어요. 이 연봉으로는 이것저것 비용 쓰면 남는 것이 없다고. 저와 같은 상황이면 어떻게 하시겠느냐며 연봉을 올려줄 수 없겠느냐고요. 그 친구만 연봉을 차등적으로 줄 수는 없어서 회사가 원하는 성과는 무엇인지 자세히 설명했습니다. 1년 만에 회사가 원하는 성과를 냈고, 입사 때보다 훨씬 많은 연봉을 받고 있어요."

"저 같은 상황이라면 어떻게 하시겠어요?"라고 질문했던 이 직원은 긍정적인 피드백과 조언을 얻을 수 있었습니다. 회사에서 바라는 성과도 정확히 알게 된 덕에 보다 효율적으로 일할 수 있었고요. 실제로 이 질문은 승진이나 연봉 협상을 앞두고 상사에게 하기 아주 좋은 질문입니다. 상사는 자신의 생각과 시간을 들여 '신경을 쓴' 대상자를 좀 더 고려하게 된다고 해요.

실제 협상 테이블에서도 어떻게 하면 서로 조건을 맞출수 있을지 솔직한 조언을 구하는 경우, 성사율은 42%로 상승했고 가급적 높은 가격에만 초점을 맞췄을 때는 단 8%만 협상이 이루어졌다고 합니다(스튜어트 다이아몬드, 《어떻게 원하는 것을 얻는가》 참조).

같은 말이라도 정중하고 친근하게 표현해 보고, 함께 달성할 수 있는 일과 미래 비전에 집중해 보세요. 《어떻게 원하는 것을 얻는가》에 따르면 뛰어난 협상가는 상대방과 장기적 발전에 대한 발언을 평범한 협상가에 비해 2배 이상 많이 하고(8.5% vs 4.0%), 공통 사항에 대한 발언을 3배 이상(38% vs 11%) 한다고 합니다. 원하는 것을 얻으려면 기본적으로 상대방을 행복하게 만들어야 하고, 그러기 위해서는 긍정적인 마인드를 가져야 합니다.

여유, Relax

연봉 협상을 앞두고 마음의 여유를 가지기 위한 방법 중 하나는 상대방의 입장이 되어 상황을 그려 보는 연습을 하는 것입니다. 당신이 그들의 필요조건 중 어떤 부분에 부합하는지, 연봉 협상에서는 어떤 이야기가 나올 것 같은지 상대방의 입장으로 역할을 전환해서 계속 그 상황을 가정하고 연습해 보세요.

연봉 협상이 친구나 후배의 상황이라고 가정하고 어떤 조언을 해 줄지 상상하는 것도 긴장을 푸는 방법입니다. 보다 객관적으로 상황을 볼 수 있고 침착해질 수 있습니다. 특히 연봉 협상 때, 내가 연봉을 많이 받으면 팀 내 누군가 피해를 보는 것이 아닐까 걱정되거나, 스스로 자기 이익을 대변하는 것이 두렵거나 부끄럽다고 생각하는 분들께 이 방법은 매우 효과적입니다(애덤 그랜트, 《Give and Take》 참조).

연봉에 대한 다른 생각 1
무조건 많이 받는 게 좋을까

지금까지는 연봉 협상 잘하는 법에 대해 말씀드렸는데요. 저는 여러분께 연봉에 대한 다른 질문을 드리려고 합니다. 연봉을 무조건 많이 받는 게 좋을까요? 연봉 인상만이 성장이나 성취를 설명할 수 있을까요?

제가 일했던 금융업계는 대표적으로 연봉이 높은 업계 중 하나입니다. 다른 제조업에 비해 시설 투자비용이 적고, 인건비가 차지하는 비율이 높기 때문인데요. 전체 판매관리비의 60~70%를 인건비가 차지하는데, '사람'이 얼마나 부가가치를 창출하는지에 따라 회사 손익에 중대한 영향을 줍니다. 이 말은 반대로 업무가 자동화되면 회사는 높은 인건비를 감당할 이유가 없다는 것이죠. 모든 것이 로봇화, 자동화되는 현시대에 가장 미래가 불투명한 화이트칼라이기도 합니다.

돈이 도는 시장이고 그 성과가 매일 눈에 보이는 까닭에 헤지펀드 매니저, 주식·채권 펀드 매니저, 딜러, 트레이더 등과 같은 직무는 하루하루 피가 마를 정도로 경쟁이 치열합니다(이들만 치열하다는 이야기는 아니니 오해하지 말아주세요).

국내 대학을 나와 미국에서 일한 경험이 있고, 지금은 싱가포르에서 헤지펀드 매니저로 일하는 X는 모두 부러워할 만한 직장, 높은 연봉, 물가 비싸기로 소문난 싱가포르에 좋은 집을 갖고 있었습니다. 부러우신가요? 그런데 그는 지난 10년 동안 매일 15시간 이상 일했고, 1년에 이틀 이상 쉬어본 적이 없습니다. 가족과 여행 한 번 제대로 가본 적이 없다며 회사를 그만둬야겠다고 했습니다.

저는 X의 퇴사와 새로운 시작을 응원했습니다. 겉으로 보이는 것과 달리 X의 내실은 채워지지 않았던 것이죠. 저는 X 정도는 아니었지만, 회사 생활을 하는 동안 업무 강도와 스트레스가 만만치 않았던 것 같아요. 늘 10대쯤 되는 모니터 벽에 둘러싸여 있어요. 주식시장은 점심시간에도 쉬지 않으니 점심도 자리에 앉아 모니터 속 시세를 보며 먹었습니다.

책상과 주변도 항상 간결하게 정리했어요. 제가 깔끔해서가 아니라 외국계, 특히 미국계 투자은행은 성과 중심이기 때문에 늘 깨끗하게 유지하는 것이 만약을 위해 좋습니다. 회사에서 나가라고 하는데, 주섬주섬 짐 챙기고 있으면 창피하니까요.

다음의 표에서 보듯 어느 정도 돈이 있으면 행복 수치가

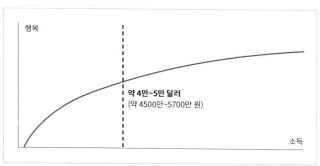

행복

약 **4만~5만 달러**
(약 4500만~5700만 원)

소득

출처 : Kahneman. D. & Deaton. A, 2010, High income improves evaluation of life but not emotional well-being, Proceeding of National academy of Sciences

급격히 올라갑니다. 승진하고 연봉이 높아지면 뿌듯하죠. 저역시 한때는 고연봉이 목표였습니다. 그것이 사회적 지위라 생각했고 돈을 많이 벌면 할 수 있는 것들이 더 많아진다고 생각했습니다.

급격히 올라가던 그래프가 4만~5만 달러가 됐을 때 상승이 더뎌지는 게 보이시죠? X도, 예전의 저도, 주변에 연봉이 높다는 사람의 삶을 자세히 들여다보면 정말 이러했습니다. 회사가 우리에게 아무런 이유 없이 연봉을 많이 줄 리 만무하잖아요. 높은 연봉이 높은 삶의 질을 담보하지 않습니다. 세상에 공짜는 없으니까요.

연봉이 오르면 성장했다는 뜻일까

어떻게 생각하시나요? 회사에서 연봉을 많이 받는 것의 의미를 생각해 보면 다음 세 가지입니다. 연봉을 많이 주는 회사에 다니거나, 이직할 때 연봉 협상을 잘하거나, 회사에서 승진하며 연봉이 상승하거나. 언뜻 보면, 성장하고 있다고 말할 수 있을 것 같아요. 그런데 조금 더 치밀하게 볼 필요가 있습니다. 승진이 곧 '성장'의 바로미터일까요? 연봉이 높은 회사라면 제법 큰 회사일 가능성이 높은데, 그럼 그 회사에 다니는 것만으로도 개인이 성장할 수 있을까요?

저는 좋은 회사를 다니거나 회사 내에서 어떤 직급을 달고 있다는 사실만으로, 그 사람이 성장하고 있고 실력 있다고 말할 수 없다고 생각합니다. 저는 이 사실을 회사 밖으로 나왔을 때 제대로 느낄 수 있었는데요.

'명함발' 있는 회사를 다니며 높은 연봉을 받을 때는 저 역시 그것이 제 실력이라고 생각했습니다. 뭐든지 할 수 있는 줄 알았어요. 그런데 막상 회사 이름이 더 이상 저를 설명해 줄 수 없는 상황이 되자 세상은 정말 '정글'이라는 것을 알게 됐습니다.

제가 국내 증권사에 다니다 외국계로 이직할 때, 먼저 이직한 선배가 "국내 기업이 동물원에 가깝다면 외국계는 아마존 정글에 가깝다"고 했었는데요. 그 역시 회사원일 때 해당된다는 생각이 들더라고요. 드라마 '미생'(tvN)에도 나오는 유명한 대사죠. "회사 안이 전쟁터라고? 회사 밖은 지옥이야." 회사 이름 빼고 당신의 이름만으로 자신이 어떤 사람인지 설명할 수 없다면, 지옥 맞습니다.

회사에서 몸값을 더 올리고 살아남기 위해 목숨 걸지 마세요. 우리나라에 억대 연봉자가 몇 명인지 아시나요? 2017년 연말정산 결과 전체 회사원의 3.7%입니다. 임원 수는 전체적으로 4% 정도 되고, 대기업 임원은 2%로 바늘구멍입니다. 이 바늘구멍을 뚫는 것과, 회사 밖에서 홀로 설 수 있는 실력과 자산을 쌓는 것은 완전히 별개의 문제입니다. 좋은 직장에서 퇴직하고 자영업에 뛰어들었다 실패한 분이 얼마나 많은가요.

명함을 한번 꺼내볼까요? 당신 이름 앞에 놓인 회사 이름을 뺐을 때, 당신을 어떻게 설명할 수 있나요. 여러분이 회사 밖으로 나왔을 때 자신을 설명할 수 있는 그 무언가가 있는지, 그것으로 개인의 성장과 실력을 판단해야 합니다.

회사에서 살아남고 버티기 위해 애쓰지 말고, 자신의 자산과 실력을 쌓아 나가기 위해 애쓰세요. 그래야 이직도 잘할 수 있고, 회사가 더 이상 우리를 지켜 주지 못할 때 프리랜서든 창업이든 진정한 독립을 할 수 있습니다.

연봉에 대한 다른 생각 2

더 많은 연봉과 더 많은 기회

한국에서 대학을 졸업하고, 미국 구글 본사에서 마케팅 업무를 하게 된 Y가 있습니다. 몇 년 후, 그는 한국으로 돌아와 벤처회사로 이직했습니다. 미국에서 한국으로, 구글 본사에서 한국 벤처로. 그동안 누리던 많은 것을 포기해야 하는 이 결정을 왜 했을까요?

"평생 구글에서 일할 수 있는 게 아니잖아요. 과연 어디까지 올라갈 수 있을지, 자의든 타의든 회사를 그만둘 때 대기업의 후광 효과 없이 할 수 있는 일이 무엇인지 의문이 들었어요. 아무리 구글이어도 기술 쪽이 아니면 할 수 있는 일에 한계가 있었어요. 더 많은 기회를 찾고 싶었죠."

남부러울 것 없는 연봉을 받으며 세계적인 회사에서 커리어를 쌓던 Y는 아이러니하게 '불안'했고, '성장'에 대한 욕구가 컸습니다. 고민 끝에 진짜 실력을 쌓고 다양한 시도를 해 볼 수 있는 일에 도전하게 된 것입니다. 모든 것에는 흥망성쇠가 있습니다.

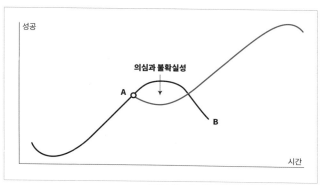

성공

의심과 불확실성

A

B

시간

출처 : Charles Handy, The Empty Raincoat

위의 표를 보면 회사 생활과 연봉도 마찬가지입니다. 회사 생활을 착실히 하며 처음 몇 년을 보내면 전성기가 옵니다. A까지 도달하게 되는 거죠. 문제는 이 전성기 때 변화의 노력을 하지 않으면, B로 내려오게 된다는 것입니다. 관성에 따라 일하지 말고, '의심과 불확실성'을 견디며 새로운 일에 도전하고 치열하게 고민해야 파란 곡선을 타고 더 올라가게 됩니다.

당장의 연봉보다 더 중요한 것은, 진짜 성장

A에서 B로 내려오는 시간은 사람에 따라 다를 수 있습니다. 누군가는 5년일 수도, 10년일 수도, 운이 좀 더 좋아 20

년일 수도 있는데요. 그런데 몇 년이 걸리든 꺾인다는 것이 중요합니다. 지금 누리고 있는 것과 손에 쥐고 있는 연봉을 포기할 수 없어 자신의 실력이나 자산을 비판적으로 검토하지 않으면, 시간이 흐를수록 대안은 없어지고, 더 괴로워질 수밖에 없습니다.

흔히 연봉이 한 번 깎이면 절대 회복 불가능하다는 이야기를 합니다. 그런데 저는 그렇게 생각하지 않습니다. 그동안 해 온 일과 전혀 다른 일을 시도하거나 도전할 때, 연봉이 내려갈 수 있습니다. 그렇지만 불확실성과 리스크를 어떻게 감내하느냐, 변화의 시간을 어떻게 보내느냐에 따라 그다음 스텝은 달라지고, 또 다른 성장 곡선을 만들어 낼 수 있습니다.

이렇게 다시 올라온 커리어는 훨씬 더 보람되고 값진 시간들이 될 수 있어요. 그런데 실제로 어떻게 해야 이것이 가능해지는 것인지, 이렇게 살고 있는 사람들은 어떤 과정을 거쳤는지 궁금하시죠? 그 이야기는 에필로그에서 함께 나눠요.

당신만의 업(業)의 지도를 그려라

우리의 일은 앞으로 어떻게 변할까요? 인공지능이 인간 지능을 앞서고 로봇이 인간의 일자리를 대체하는 속도는 점점 더 빨라질 것이라고 하죠. 고임금의 일자리가 풍부한 시대는 이미 지나가고 있고, 회사 다니며 딴짓하는 N잡러와 창업가들이 각광받고 있는 시대입니다.

정보와 기술을 갖고 있는 기업으로 돈이 몰리면서 양극화는 점점 더 가속화되는 중이고, 일의 성격도 빠르게 변화하며 다양해지고 있습니다. 우리에게 '이직'은 당연해졌죠.

이직하는 회사가 나의 최종 목표라고 생각하지 마세요. 어떤 회사도 당신을 지켜 주는 완벽한 울타리가 될 수 없습니다. 미래엔 더욱 그렇습니다. 나만의 직업 지도를 만든다는 생각으로, 그 지도가 근사하게 그려질 수 있는 방향으로 이직을 준비해야 합니다.

회사 '안'이 아니라 회사 '밖'을 상상할 수 있는 여정이 되었으면 좋겠습니다.

하루 30분만 일상을 다르게 보자

저는 금융권에서 10여 년간 달리다가 2014년 여름에 제 인생 처음으로 공백기를 가졌습니다. 솔직히 말씀드리면 그전에는 쉬는 시간을 별로 가져본 적이 없었어요. 대학도 복수전공에 부전공까지 하며 4년 만에 졸업했고, 이직을 할 때도 텀을 두지 않았거든요. 누가 시킨 것도 아닌데 왜 이렇게까지 달렸나 생각해 보면, 늘 대체될까 봐 불안하고 두려웠던 게 아닐까 싶습니다.

두 달을 쉬면서 저는 제 자신에 대해 많은 생각을 할 수 있었습니다. 무조건 회사를 그만두고 나오라는 이야기가 아닙니다. 얼마나 불안하고 두려울지 잘 알고 있습니다. 기간이 중요한 것 같지는 않습니다. 쉼표의 목적은 '내가 지금 어디에 있는지 알기 위해서'이니까요. 우리가 원하는 곳에 있어야 원하는 방식으로 돈을 벌고 일을 하며 살 수 있습니다.

연차를 잘 활용해서라도, 그동안의 일상을 조금 다른 관점으로 볼 시간을 확보해 보세요. 내가 어떤 사람인지, 어떤 일에 마음이 가는지 돌아보는 계기가 됩니다. 현실적으로 공백을 갖는 것이 쉽지는 않습니다. 이럴 때는 하루에 30분이라도 온전히 여러분만을 위한 시간을 규칙적으로 확보해 보세요. 가족들이 모두 다 잠든 밤이든 새벽 시간이든, 누군가의 엄마나 아빠, 딸이나 아들로 있는 시간 말고 자기 자신에게만 집중하는 시간을 만들어보세요.

그리고 다음 10개의 질문을 던지고 답을 구해 보세요.

———————————— **:** ————————————

Q1. 일을 왜 하는가?

Q2. 일에서 무엇을 이루고 싶은가?

Q3. 그것을 이루어내기 위한 구체적인 방법은 무엇일까?

Q4. 이루어내고 싶은 것을 하기 위해 지금, 내일, 이번 주, 다음 주에 나는 무엇을 해야 할까?

Q5. 잘하는 일과 못하는 일은 무엇인가?

Q6. 나의 관심사를 일로 가져온다면, 어떻게 일의 방식을 변화시킬 수 있을까? (ex. '교육'에 관심이 많으면서 독립적으로 일하기 좋아하고, 성과 지향적인 사람이라면 어떤 방식으로 일하는 것이 가장 좋을까?)

Q7. 지금 하는 일 말고 다른 일을 하고 싶다면, 구체적으로

어떤 것을 실험해 보고 싶은가?

Q8. 성공이라는 단어를 어떻게 정의하고 있는가? (관련 책으로 임미진 외 4의 《새로운 엘리트의 탄생》을 추천합니다.)

Q9. 어떤 일을 좋아하며, 무엇을 할 때 즐겁고 행복한가?

Q10. 일을 포함한 나의 삶에서 절대 포기할 수 없는 것들은 무엇인가?

철벽 치지 말고 일단 '작게' 실행해 보기

회사를 그만두고 공부하고 싶다는 막연한 생각에 졸업한 대학원으로 다시 돌아갔습니다. 졸업생은 무료로 청강할 수 있었거든요. 그런데 학교에서 마주치는 20~30대 초반 친구들은 저보다 고민이 더 많았고, 그들의 현실은 훨씬 냉혹했습니다. 그래서 제가 잘 아는 '금융업'과 관련해 실무자로서 설명하는 자리를 작게 만들었어요. 제가 할 수 있는 것부터 시작한 거죠.

하면 할수록 재미있고, 누군가에게 도움이 된다는 게 뿌듯해서 제대로 이 일을 해 봐야겠다는 생각이 들었습니다.

여러분도 지금 회사에서 하는 일 외의 새로운 일을 '작게' 시작해 보세요. 재능을 사고파는 플랫폼 '크몽', 소셜 액티비티 플랫폼 '프립', 유료 북클럽 '트레바리' 등 커뮤니티를 통해 공부할 수 있는 곳을 찾아보면 많습니다.

사이드 프로젝트 좋습니다. 해 봐야 알 수 있습니다. 그 일이 정말 할 만한지, 재미있는지, 이걸 '일'로도 해 볼 만한지요. 단, 거대한 목표를 세우지 마세요. 그 생각이 시작 자체를 가로막는 것 같습니다. 시작부터 뭔가 대단히 해야 한다는 생각을 내려놓고, 다른 사람의 반응을 스스로 확인할 수 있는 작은 활동부터 시작해서 작은 성공을 쌓아나가세요.

물론 연애할 시간이나 가족과 보낼 시간 등 사생활이 당분간 사라질 수 있어요. 회사 일에 잠시 집중하지 못할 수도 있습니다. 그렇지만 진짜 하고 싶은 일을 찾기 위해서라면 이 정도는 감수할 수 있지 않을까요? 그리고 저는 사이드 프로젝트가 회사 일에도 도움이 될 거라고 생각해요. 다양한 관점을 갖게 되니까요. 관성에서 벗어나는 계기가 될 수도 있고요.

뭔가 시작하고 시도해야 기회가 생깁니다. 그 시작이 화려하고 창대할 필요는 절대 없으니, 너무 고민하고 계획 세우지 말고, '실행해 보세요'.

직장인에게 필요한 스텔스 모드

작게 시도한 일이 진짜 '일'로 해 볼 만하다는 생각이 들 때까지는 시간이 좀 필요합니다. 취미로 두는 것이 좋을지 이걸로 먹고 살지를 판단할 때는, 냉정히 그것이 비즈니스화될 수 있는지 관찰하고 분석해 보아야 합니다.

예전 직장 동료 중에 요가나 필라테스 강사를 하고 싶어 하는 분이 있었어요. 워낙 운동을 좋아하는데 그 와중에 회사 일은 영 취미가 없었습니다. 고민하는 그에게 저는 '회사를 그만둔다'는 결정을 하기 전에 테스트 기간을 가지라고 조언했습니다.

취미로 하는 것과 그것으로 돈을 벌겠다는 것은 완전히 다릅니다. 비즈니스로 만들려면 생각해야 하는 것들이 훨씬 많죠. 사람들은 돈과 시간을 함부로 쓰지 않습니다. 옛 동료는 그때부터 본격적으로 자격증을 따고, 시장 조사도 해 보고, 직장인 커뮤니티를 통해 필라테스 강사 활동을 조금씩 시작했습니다.

그렇게 몇 개월을 해 보더니 "회사 열심히 다녀야겠다"고 하더군요. 필라테스 강사가 너무 많고, 자기의 역량이 강사를 할 만큼은 아니라는 걸 알게 된 것이죠. 돈 버는 게 얼마나 어려운지 새삼 실감했다고 했습니다.

　나이키의 창업자 필 나이트는 회계사로 일하면서 나이키가 꽤 커질 때까지 회사를 그만두지 않았습니다. 영화 '라라랜드'(2016, 데이미언 셔젤)의 OST뿐 아니라 주옥같은 히트곡을 다수 보유한 가수 존 레전드는 보스턴 컨설팅 그룹의 컨설턴트였어요.

　2014년 작사가 저작권료 1위에 오른 김이나는 회사원과 작사가의 삶을 병행했습니다. 작사가 데뷔 후에도 7년 동안 더 회사를 다니다가 저작권료가 월급을 넘어서면서 회사를 그만두었다고 합니다.

　명심하세요. '용감한 도전'과 '무모한 도전'은 다릅니다.

주변에 자꾸 말하고 '흔적'을 남기자

　제 예전 직장 동료들이 한번은 이런 질문을 하더라고요. "가만히 있어도 이곳저곳에서 불러 주냐"고요. 대답은 단호하게 '아니요'입니다. 저와 일을 하는 파트너들은 대학, 대학원, 스타트업을 포함해 정말 다양합니다. 처음부터 특별한 관계가 있었던 것은 아니었고, '맨땅에 헤딩'하는 과정이 필요했는데요.

일단 주변에 제 관심사와 관련한 일을 하고 있는 분이 있으면 소개시켜 달라, 찾아가겠다며 적극적으로 네트워크를 만들어 나갔습니다.

페이스북은 다른 일을 하는 사람들의 이야기를 접하기에 유용한 채널입니다. 회사 이름이나 대표, 그 일을 하는 사람은 쉽게 알 수 있잖아요. 그분들의 진짜 이야기들을 꾸준히 보다가 용기를 내서 메시지나 메일을 보내고 찾아가 만났습니다. 여러분도 페이스북 많이 하시죠? 대충 보지 말고 관심 가는 회사나 일을 하는 분들의 글을 유심히 보세요.

주변에 무슨 일을 하는지, 어떤 것에 관심이 있는지 자꾸 이야기하고, 다른 분야의 사람들을 의식적으로 만나세요. '나 이런 사람이야'의 태도를 버리고, 다른 사람들의 이야기를 듣고, 관찰해 보세요. 시간이 많이 걸립니다. 회사를 그만두고 '지금부터 시작!' 하기보다, 관심 분야의 사람들을 꾸준히 연결해 보세요.

여러분이 기억해야 할 중요한 포인트는 본인 활동의 흔적을 남기는 것입니다. 뭔가 해 내고 싶은 것이 있다면, 그것이 막연하더라도 차근차근 흔적을 남겨 보세요. 페이스북,

유튜브, 블로그 등 SNS 채널을 활용하든, 칼럼이나 분석 글을 쓰든 '흔적'을 남기는 것이죠. 이런 흔적이 또 다른 연결을 만들어 내고, 나비효과를 가져오더라고요.

끊임없이 공부한다는 것

커리어 코칭을 제대로 해야겠다는 생각이 든 후로 제가 꾸준히 하는 것은 관련 콘텐츠를 닥치는 대로 보면서 공부하는 것입니다. 하던 일을 잘하기 위해서도 끊임없이 공부해야 하지만, 하던 일이 아닌 것을 내 일로 만들려면 일단 파묻혀서 숙성시키는 기간이 필요한 것 같아요. 관련 책은 물론이고, 영화나 드라마도 예전보다 의식적으로 일부러 더 많이 봤어요. 제가 하는 일이 20~30대 중반의 일 고민을 듣는 것이라 그들의 감성을 이해하는 방법 중 하나라고 생각했기 때문입니다.

미래에 지식의 유효 기간은 점점 더 짧아질 것이고, 우리는 계속 공부해야 합니다. 최고의 콘텐츠는 인터넷에 이미 널려 있습니다. 무엇을 알고 있고, 모르고 있는지를 파악하고, 스스로 학습 동기를 키워 공개된 콘텐츠들을 효율적으로 활용하는 것이 중요한 포인트 같아요. 다른 사람에게 보여 주기 위해 가방끈을 늘리는 것은 무의미하지만, 나의 내공을 쌓는 공부는 어떤 방식으로든 계속 해야 합니다.

현재의 직장에서 내 '자산' 쌓기에 집중하자

사실 회사는 굉장히 좋은 배움의 공간입니다. 학교는 우리가 돈을 내면서 배우지만 회사는 돈을 받으면서 배울 수 있어요. 플랜 B를 위한 관점으로 회사 일을 해 보세요. 마케터라면 디자인팀, 개발팀 등 다른 팀 사람과 함께 일하면서 성공적인 제품을 출시하거나 운영 경험을 쌓도록 노력해 보세요.

조직 내에서 일어나는 다양한 일에 대해서도 저 사람들은 왜 저런 생각을 하고 리더는 이 문제를 어떻게 해결하는지 관찰해 보세요. 인사 부서가 채용을 위해 어떤 전략을 세우고, 어떤 활동을 하는지, 홍보팀에서는 위기 상황이 생겼을 때 어떻게 대처하는지, 나라면 어떻게 할지 고민해 보세요(관련 책으로 임정민의 《창업가의 일》을 추천합니다).

여러분이 이직을 하든, 프리랜서나 1인 기업가가 되든, 창업을 하든, 현장에서 배우는 살아 있는 공부는 매우 큰 가치로 다시 돌아올 것입니다. 회사가 싫어졌다 하더라도, 회사의 자산을 여러분의 것으로 만들기 위해 그 기간까지는 버틴다고 생각해 보세요. 이 시간이 값지게 돌아오는 순간이 꼭 옵니다.

성공에 대한 나만의 정의가 필요하다

우리 사회는 그동안 '성공'이라는 것을 너무 천편일률적으로 생각해 왔죠. 다른 사람의 성공은 쉽게 생각했던 것 같기도 하고요. 막상 그 안을 들여다보면 엉킨 실타래처럼 복잡하기도 하고 돌아가기도 하고 앞이 안보이기도 했을 텐데요.

나만의 직업 지도를 만들어야 하는 시대를 대비하며, 원하는 곳에서 원하는 일을 하기 위해 우리는 성공의 의미를 좀 다양하게 생각해 보아야 한다는 생각이 듭니다. 돈을 많이 벌고 남들이 다 아는 큰 회사를 다니는 것만이 성공이 아니라, 내가 일에서 재미와 의미를 찾고 어떤 일을 하든 그것이 나의 최선이라면 성공하고 있는 것이니까요.

마지못해 했던 일, 직업으로서의 일을 스스로 선택하는 일로 전환하며 그것이 가능하도록 만들어보는 것 역시 성공입니다. 이직을 넘어, 회사 밖을 준비하기 위해 '나'를 연구하는 질문과 답을 스스로 찾아보고, 불안과 두려움은 실행과 시도로 채워 나가는 여러분이 되시길 바라며 글을 마칩니다.

당신은 더 좋은 회사를 다닐 자격이 있다

불확실의 시대, 미래를 위한 새로운 이직론

초판 1쇄 2019년 7월 13일

지은이 김나이

발행인 이상언
제작총괄 이정아
편집장 조한별
편집 최민경, 심보경
표지·본문디자인 김기연
표·조판 변바희, 김미연
마케팅 김주희, 이선행
진행 양혜은

발행처 중앙일보플러스(주)
주소 (04517) 서울시 중구 통일로 86 4층
등록 2008년 1월 25일 제2014-000178호
판매 1588-0950
제작 (02) 6416-3950
홈페이지 jbooks.joins.com
네이버 포스트 post.naver.com/joongangbooks

ⓒ폴인, 2019
ISBN 978-89-278-1023-0 03320

'폴인이 만든 책'은 중앙일보플러스(주)가 온라인 플랫폼 폴인과 함께 만든
경제경영서 브랜드입니다.